麥可·山德勒 ——著
Michael Sandler

劉議方 ——譯

開啓多重宇宙的自動書寫法

The Automatic Writing Experience(AWE)

How to Turn Your Journaling into Channeling to Get Unstuck, Find Direction, and Live Your Greatest Life!

利用直覺筆記擺脫困境、顯化夢想，創造零極限的美好人生

透過書寫，接收內在智慧的訊息。重新連結潛意識裡的自己。召喚起性的靈性能量。讓心保持開放與自由。進而清除雜念，理出生命的藍圖

時報出版

目次

推薦序

神奇的靈感泉源

鄂文．拉胥羅（Dr. Ervin Laszlo），
匈牙利科學哲學家，曾兩度獲得諾貝爾獎提名

麥可察覺到，人類真的有一種根本的能力，可以和世界精神聯繫及溝通。只要發揮技巧，我們就能連上「生命的源泉」。許多致力於追求靈性、富有洞察力的人都知道這個事實。但要連上那股源泉，我們需要一項重要的工具：自動書寫經驗。

我問過自己，寫作時是否有那樣的靈性體驗？我的第一反應是：絕對沒有。我寫的東西是出於我的意志，不可能是出自其他的靈魂或精神。但再想一想，我又沒有那麼確定了。寫作時，筆下的一字一句，真的都是我自己獨自完成的嗎？請聽我娓娓道來。

過去三十年來，我沒有用紙筆寫作過，那樣太慢了。我以前是鋼琴演奏家，所以手指很靈活，打字很快，幾乎能和我的腦袋同步運作。電腦可以儲存我所有的想

法。腦裡浮現什麼念頭，我會先打出來，接著一遍又一遍地讀，修改再修改，直到我滿意。然而，浮現在我腦中的文字，並非事先想好的。我會先設定文章的背景和主題，接著集中思緒，但接著我就放手在鍵盤上飛舞了。

就像生理衝動一樣，在那狀態下，如果不能立刻敲打鍵盤，我渾身就不對勁，無法思考，也無法做其他事情，根本別說是放鬆或睡覺了。寫作時，句子會自動組合排列，我只需要動手打字就好。這是自動書寫、通靈或是找尋靈感的妙招？或其實我是在跟超自然的神靈溝通？

這種感覺源源不絕而來，令人震懾又驚奇。這些文字絕不是我一個人寫出來的，而是有幫手在一旁指導，而且內容很有條理，全集中在我想探索的問題。補充說明一下，雖然文字源源不絕而來，但也會突然停滯。有時還會發生很奇妙的情況，比如電子郵件傳不出去，或是剛寫好的段落突然消失，甚至整個檔案都打不開。為什麼會如此，我也找不出原因。但當我試著重寫時，就會發現原本寫好的內容有問題，比方用了錯誤的前提，或是表達方式錯誤。回想起來，我反而會感謝它消失了。

也有正面的情況。當我重新閱讀、思忖我所寫出來的東西，會突然驚喜地發現，當中包括某些人的經歷，或是與某個科學理論或實驗有關。我很高興地知道，這些想法和理念不是全靠我自己發明的，而是有某個夥伴和我一起合作。在它的指導下，我才不致鑄成大錯。

親愛的麥可，謝謝你的分享，我才得以了解這個神奇的經驗。除了我妻子之外，我從未公開談過這件事情。在我驚訝之餘，有時會感到氣餒，也會覺得很得意。現在我能知道其他人的感受了，除了麥可，還有廣大的讀者。我們對於自動書寫有濃厚的興趣，會帶著單純的好奇心，去感受它在自己內心所激起的震撼與驚奇。

推薦序

找到自己專屬的靈性旅程

威廉．西爾斯（William Sears）醫師，
南加大醫學院教授，美國育兒權威

哈囉，快樂的讀者們！想要更享受心靈的平靜嗎？讀這本書並照著實踐就對了！我在二〇二〇年一月第一次見到麥可，當時我受邀上他的播客節目《靈感國度》談論我的新書《健腦大全》（*The Healthy Brain Book*）。靠著他的肢體語言，即便是遠端連線，麥可散發出的氛圍以及內在力量，也能傳入我的心中，帶給我平靜。他的節目也躍上了我的必看清單首位。

在書中，麥可和他的妻子潔西卡侃侃而談，就像在主持播客節目那樣，讓讀者們有心心相映的感覺。這兩位作者令人信任，他們的話語讓你覺得：「這就是我需要的；這就是我想感受到的。」

自動書寫經驗有益於心理健康，是每個讀者都有的能力。在作者的啟發下，我

們開始找回自己的身心健康。我在閱讀的過程中，常常驚呼連連，覺得麥可寫得真有道理！

在自動書寫的狀態下，你會專注於自己的腦部活動。我也驚訝地發現，比起用手指敲鍵盤，在紙上動筆更能放鬆大腦。每當你想寫作時，詩文是大腦最擅長的體裁。有一天我在海灘上放空，這首詩自然而然地浮現在腦海中：

大地的美好
沙子的柔軟
大海的寧靜
這是神所賜

小時候每次我感到無聊或沮喪時，我最愛的精神導師（也就是我的母親）會說：「到外頭玩耍去！」學會自動書寫後，我腦海中也常出現這個聲音：「到外頭寫作！」

透過創意寫作，我們就能懂得表達自己的感受，讓你與所愛的人有更深的連結。有天我在寫作時，妻子瑪莎經過我身旁，另一首詩自然地出現在我腦中：

我再也不會遇到
世上有哪個女人
像妳一樣美好

最重要的是，自動書寫有助於化解每個人的「自動消極思想」（Automatic negative thoughts，簡稱ANT）。網路上充滿假新聞，也有許多人在散布恐懼的因子，所以我們腦袋才塞滿了各種負面的想法。現代人特別需要維護心理健康的方法，而這本書來得正是時候。

麥可談過他的過動症。有次瑪莎和我到晨間節目《早安美國》介紹我們著作，並向大眾說明注意力缺失症的問題。主持人蘭丹（Joan Lunden）問瑪莎：「妳從哪裡找到這本書的題材？」瑪莎立刻回答：「我老公的個人經歷！」麥可在書中也談到，注意力缺失症是一種特質，不是疾病。有些高敏感族群的神經迴路與常人不同，所以特別有創造力。這些人有獨特的腦袋，與其把他們變「正常」，不如將其帶往神為他們創造的道路。學會自動書寫，你就能掌握訣竅，時時保持內在的平靜。

在執業生涯中，對於有精神困擾的人，我總是建議道：「找到自己的幸福之道，帶著你專屬的心靈工具走下去。」

當然，所有人的腦袋都是獨一無二的，因此這本書所提供的靈性方法不一定適合每個人。然而，不用擔心太多，只要能讓你保持在靈性的道路上，就是好方法。

書中所談到的冥想方法和感恩心態，一定會讓讀者獲益良多。在這樣動盪不安的時代，不管人生有多糟糕，都還是有許多要感謝的事物。

每天早晨，我都會以「運動冥想」來開啟每一天。我會規律地活動身體（走路或游泳），並搭配一段冥想咒語，像是：

感謝神賜予我生命（八十歲）

感謝神賜予我美好的婚姻（五十四年）

感謝神賜予我健康（從癌症康復）

感謝神賜予我珍貴的財富（八個孩子）

感謝神賜予我醫學專業

讓我得以服務大眾

對於這神奇的世界，我內心充滿敬畏。山德勒夫婦，謝謝你們提供這麼棒的靈性方法，讓大家的生活更快樂、更健康。

前言

這是最黑暗的年代，也是最光明的年代

在我開始實踐自動書寫經驗（automatic writing experience，AWE）之前，我很茫然、很困惑，活得很痛苦，在經濟和情感上都感到精疲力竭。幸好，我在自動書寫的幫助下，我聽到指示，於是開始做播客節目《靈感國度》（*Inspire Nation*），訪問來自世界各地的專業人士。

如今，我和妻子潔西卡一起實現夢想，夥伴還包括我們辛苦救回來的動物，包含一隻公雞（你沒聽錯）。我們打造了世界上最成功的心靈勵志類節目，觀看及收聽次數高達數百萬。

這全部都要歸功於自動書寫。而這些美好、不可思議的奇蹟，也可能發生在你身上。

無論你看的是紙本書還是電子書，都可以感受到在我們身上發生的奇蹟。這一套方法每個人都能遵循，有助於你開發內在智慧，以找到神聖的源泉。

有煩惱卻求助無門？健康出了問題？疫情大流行、社會動亂或惡夢讓你心神不安？這些問題都能交給自動書寫。如果你正努力「顯化」（manifest），想從人生低谷重新站起來，或想把財務狀況提升到新境界，那麼自動書寫正是你需要的。想要達成顯化效應，那自動書寫能讓速度加倍，讓你更快實現夢想。

如果你正在苦鬥、每天都壓力山大，放不下擔憂、焦慮和憂鬱的心情，那麼自動書寫能療癒你的心靈，放慢你內在和外在的能量漩渦，讓你再次覺察自己的潛意識。如此一來，你就能將創傷轉為強大的光明能量，帶來令人驚奇的正向改變。

早在一百五十多年前，榮格及佛洛伊德等精神分析學家就用自動書寫來探索潛意識。這個技法在現代心理學稍顯式微，但將重新興起，我們可從歷史脈絡來談。

在二〇一九年十二月，我訪問了傑出的占星師倫諾克斯（Michael Lennox）。當時新冠肺炎疫情還沒爆發，我們預測二〇二〇年為「清算之年」（Year of Reckoning），每個人都要面對多年來一直在刻意逃避、不想面對的問題。天啊，還真是如此！

現在疫情趨緩，眾人重新前進，我稱之為「重塑時代」（Era of Reinvention），生活充滿無數的變數，好像到處都有能量漩渦。對，感覺世界末日好像要來了。但是事實完全不是如此。

當你能夠接收宇宙的訊息，或是連結到你的守護者或指導靈，就會知道這個時代多麼的特別。你為何要轉生在這個世紀，你的與眾不同之處在哪，通通都會有解答。明白自己的能力之後，你就知道要往何處前進。

這個時代充滿各種強大而正向的能量，前景絕非「暗淡無望」。每個人都有機會重新改造自我，任何夢想的事都可能實現。

「心智是創造者」，這是整個新思維運動（New Thought Movement）的基本宗旨。暢銷書《祕密》的代言人普克特（Bob Proctor）和作者拜恩（Rhonda Byrne）都提到心想事成的祕訣，也就是「吸引力法則」。

我們心中所想、所關注，經由說出來或寫下來的，都能化為現實。因此，許願時你一定要小心。你是自己人生的首要創造者，要學著駕馭那股能量，而工具就在你手中。我們會教你如何改變人生、提升生活的品質、克服創傷以及疏通情緒。之後，你就能帶領自己邁向那個神奇、美好又難以想像的未來。你做夢也想不到，自己能實現如此美好的人生，但它的確在等著你。

本書提供了許多指引，能讓你找到神聖源泉以獲得指引，還能達成顯化與療癒的效果，尤其是重新接通潛意識。就算你是無神論者，也能透過這個方法找到自己的內在智慧。我們會一步步帶領你走向智慧源泉以獲得指引，發現那個神奇的世界；而它就在你身邊。

我是天使的信仰者，也是煉金術士，但就算你沒有任何信仰，只要按照書中的指示，就能獲得神奇而令人驚喜的力量。

在靈性世界，我們有天使、指導靈、光之工作者、內在智慧以及智慧能量的量子場。只要你找到方法，就能發現深奧的智慧源泉，而祂一直在等著你，準備給你指引。

如今我們四周都是能量的漩渦；新冠肺炎衝擊了全人類的生活。如果現在不開始投入靈性追尋，那要等到何時？你不願意改變生活，不讓靈性能量流入你的精神，不願意放手一搏去嘗試，那要如何迎接美好的人生？

自動書寫是神奇的工具，你能透過它連上另一個世界，並找到自己的人生目標與道路。一切深奧的人生問題，包括降生在世上的意義、使命與困境，在自動書寫中都有解答。此外，你還能將周邊的人事物都變成正向的助力。想要轉變人生，行在正確的道路上，活得精彩又有目標，都能透過自動書寫來達成。最重要的是，它能讓你無時無刻都保持喜樂的心，尤其是在這個動亂不斷的日子。

第一章

歡迎來到震撼人心的自動書寫世界

Writing

我在清晨四點三十分悄悄醒來。整個世界一片靜默，連蜂鳥都還沒起床。潔西卡安安靜靜地睡在我身旁，我在腦中默念一些感謝的話，然後躡手躡腳地下樓，走到浴室，裝一杯含礦物質的熱水，吞下一顆維他命，接著就到工作室。

在我的聖殿工作室，我靜靜沉澱、冥想，接著戴上耳機聽一些令人心情平靜的θ波音樂，以進入大腦夾帶（theta brain-entrainment）的狀態。此時，在腦海中，我能聽見鳥兒在海岸啾啾叫的聲音。

接著我從谷歌雲端硬碟打開自動書寫的資料夾，並建立一個新檔案。（我之前會寫在筆記本上，但現在靈感來得太快，我已跟不上。）然後向後靠在椅背上。外頭天色還不見亮，只有地平線透出一絲微弱紫光。

我闔上雙眼，寫出第一篇禱文，接著另一篇，迎接來幫助我的天使和指導靈，以及特別是已經到了另一個世界的親友。

禱告結束後，靈感開始湧出，我的手指彷彿自己有了生命，將深層的智慧話語潑灑在螢幕上。我知道那不是我寫的，因為我還沒完全清醒。但文字就是一段接著一段湧出，且速度越來越快。偶爾我會插話、問個問題，但大多時候我只是個見證人：

哈囉，明亮閃耀的燈塔！我正在進行自動書寫。它是這麼令人愉悅，儀式也很簡單。透過這門古老的藝術，你就能挖掘內在的智慧，找到最強大的指引。在世界之上，有一個高層的力量，不管你怎麼稱呼祂。只要你願意和祂溝通，把每一個願望、想法、疑問及渴望傳達給祂，就能一清二楚地聽到回應。

自動書寫將改變你的人生

坐下來，進行靜心的儀式，然後下筆，就是這麼簡單。不管你信仰的是神明、上帝或宇宙，或只是單純想探索自己的內在智慧。只要稍微冥想、禱告，想都不用想，就會開啟自動書寫模式了。

覺得難以置信嗎？

我的學生瑪麗說：「自動書寫真的改變了我的人生，且已經成為我的日常習慣了。我以前沒有意識到，我對自己以及已過世的母親有那麼多怨恨。在自動書寫的過程中，我漸漸釋懷。在教練的指導下，我活得更踏實，與世界連接的更密切。我的心門大開，生活各層面都能幫助到他人，而這份愛的贈禮我要奉獻給世人。」

另一位學生大衛說：「練習自動書寫後，我更懂得享受人生。每天早晨，我都帶著興奮的心情展開作息。我的心靈被喚醒了。人生有許多遺憾，有些親友只能活在自己的美好回憶中。藉由自動書寫，我真的能寫信給那些過世的人，和他們的靈魂連結；還能跟至高的內在智慧對話。因此，我總算找到內心的寧靜和安慰。」

另一位學生妮可在銀行業工作，她談到自動書寫在日常生活中的用處：「我和直屬主管不和，他老是在背後說我壞話。我問自己該怎麼辦，神奇的是，自動書寫給了我答案。」妮可得以從其他人的視角看到事情的全貌。接著她勇敢地向那位主管確認自己聽到的八卦。透過自動書寫，她找到事件的線索，嘗試修復與主管的關係，將那些辦公室八卦轉成正能量的燃料。在這過程中，她變得更有韌性，後來還成為女強人。

數千年來，無數的作家和思想家都在使用自動書寫法。工作時，我們也常說：「靈感突然來了！」然後手指動得飛快，字句源源不絕而來，就好像宇宙在向他們發送訊息，而自己只是個傳播的媒介。

只要你問，宇宙就會回答

許多年前，潔西卡和我瀕臨破產。而且，我差點在一場意外中喪生，潔西卡也受黴菌中毒所苦。儘管我們住在天堂般的茂宜島上，生活卻陷入困境，碰上這麼多挑戰，令人難以承受。

當我開始練習自動書寫後，每件事都開始起了變化。每天我都問天使一個簡單的問題：「今天要給我什麼訊息？」生活的藍圖便開始拼湊起來，人生開始有了巨大的轉變。

那時我們接收到指示，得開始做一個節目，於是便開創了《靈感國度》，現在它是最熱門的勵志與靈性播客節目，也是廣受歡迎的YouTube頻道。我也發現，自己得再次拾起人生教練的工作；我之前已做了快二十年。透過Zoom線上會議，我現在可以進行一對一的教學，每星期指導的學員有上百人。

除此之外，天使也告訴我該怎麼治好潔西卡的病痛、恢復我們的經濟狀況，進而將生活導回正軌。最後，我們創造了如奇蹟般的夢想家園。我們在落磯山下的小鎮落腳，四處全是森林小徑和野生動物，還開著露營車環遊美國，體驗國家公園的神奇和壯闊。

許多人都像瑪麗、大衛和妮可那樣，在自動書寫的啟發下改變自己的生活，在後面的章節中會有更多學員的分享故事。

讓腦中的猴子休息一下

我們的腦袋以每小時一百六十萬公里的速度運轉，時時刻刻都在下指令：右轉、左轉、去這裡、不要去那裡，或甚至叫我們突然停下動作。我們吵不過自己的腦子，那些聲音常排山倒海而來，語出恐嚇，前後意見也不一致。

更糟的是，腦中的聲音都不是我們自己的主張。這些聲音來自群體、聚落、父母、新聞以及小我（ego），但不是智慧的聲音，也不是來自我們內心的聲音。

但是當你開始自動書寫時，腦子裡那隻喋喋不休的猴子會安靜下來，直覺力就會變強，並重新認識內心的全知者。祂的聲音帶著愛、善良與溫柔，讓你看到自己人生的大方向，哪裡該去、哪裡危險，有沒有簡單又安全的方法，祂都會告訴你。

開始練習自動書寫後，混亂感會消散，整個人會更平靜，內在和外在狀態會更一致，並和周圍的世界保持和諧。接下來，你就能感受到自己的能量在流動。

自動書寫是如此震撼人心，而這個神奇的力量就在你手中。曾經，這個技能只有先知和聖人才能使用，但現在，你也能聽到神明的聲音、接收天使的訊息，和你的靈魂導師對話，並獲得人生各方面的指引。

人生路徑，自動書寫能幫你畫好；為什麼生活這麼艱難；要如何顯化夢想、運用吸引力法則，用自動書寫就能找到答案。

過程中，你能從內心聽到到無上智者的指示，祂從不說謊，也不會讓你迷失方向，會幫你實現最好、最真實的生活。只要你願意傾聽，以心靈為依歸，日子就會更快樂，艱困和衝突就會慢慢減少。

這個細微而平穩的聲音一直存在於你的內心，永遠不會放棄你，而你只需用心聆聽。

每一個人的心中都有這股力量。有時你獨自走在路上，會聽到有人大喊：「不要走進那條暗巷。」或是你自己在開車時，會突然聽到有人提醒快轉彎，等你回過神來，已經避開迎面而來的大卡車。這些都是守護者的聲音。

祂就像心靈的GPS導航系統，能在短時間內獲取生命的路線資訊，幫你找到方向。

自動書寫的學習歷程

我相信天使，無時無刻都感覺到祂在守護我們。你也可以稱呼祂為指導靈、高我、上帝或內在的智慧，總之祂永遠都在，滿懷愛心，準備給你指引，而我們只需張開手接受。

那麼如何開始練習自動書寫？

簡單來說，一開始，我會從零開始，教你有效卻極其容易的冥想技巧，讓心靈平靜下來，腦子不再喋喋不休。（當然，你不需要出家或離群索居。）我們的腦子隨時都有十幾個電台在撥放，還互比聲量，所以你很難聽到重要的訊息，更不用說智慧之聲了。透過冥想，你就能調低那些電台的音量，讓偉大的智慧之聲更清楚。

學會基礎的冥想方式後，我會再教你關鍵又簡單的禱告方法，讓你進入更深層的出神狀態（trance-like state）。從神經科學的角度來看，就是進入θ腦波狀態，這時你的大腦思維（thinking mind）會安靜下來，廣闊的靈性心智（spiritual mind）會打開。

接著，你會學到某種儀式，幫助你找到一直在等你的內在智慧，並理解祂的話語。當然，你也會學到更多技能，以收到天使的指引、顯化夢想並和逝去親人及大地之母交談。

任何疑問都有解答

自動書寫經驗（Automatic Writing Experience）的英文簡寫為AWE，也就是驚奇的意思。當你覺得困惑、孤單、迷失方向，就像在大海中漂流的浮木時，絕對感受不到生命中的驚奇。但若能聽到天使的聲音，就會覺得驚喜，心情也會開闊起來。這時你才知道，自己從不孤單，往後的人生也不會孤軍奮戰。你的內心會充滿震撼和驚奇感，也會得到更多的勇氣、力量和指引，讓你煥然一新，生活的層次完全變不同。

進入自動書寫的狀態時，你就會充滿驚奇感；手指飛快舞動，不需思考，文字不斷湧出。你收到指引後，思路會變得更清晰，之前人生所有的錯誤，你能用另一種角度去剖析。最重要的是，你的生命視角會大大提升，並隨時能向神聖的源泉或內在智慧發問。你會更有安全感，知道自己並不孤單，有難關也一定會度過。在神聖的能量運作下，每件事情都會有圓滿的結局。

與禱告不同，透過自動書寫，你可以提出問題，並獲得具體的解答。在幾個星期內，你就能學會汲取內在智慧的方法。自動書寫不是魔法，不是少數人的專利。你不需要天賦異稟，也不必在山洞裡經年累月地修練。只要想要接近神聖源泉，再加上一點練習，就可以讓智慧之語湧出。每個人都能接收到訊息，獲得寶貴的人生指引。

每個人都聽過這個提醒的聲音，也有過某種直覺，比如突然在路口停下躲過車禍，或者在拿起電話前就知道是誰打來的。這就是我們尋尋覓覓的內在智慧，祂一直都在那裡，等著我們去求助。

向宇宙下訂單不是討價還價

有些人一開始自動書寫，就會急著發問：「我明年要出書，我需要五個方法讓它變暢銷書。」懷抱這種期望的人，宇宙會在第一時間打擊你。祂當然會幫助你，但過程不是如此。

你發問時說：「我需要……」就是從自我的角度出發，用理性去思考，就像司機在查詢GPS那樣。但這不是自動書寫的發問方式，而是要保持開放的態度：「宇宙您好！我想知道明年要如何才能推出暢銷書。請問能給我線索和指引嗎？我的要求過分嗎？請求您幫助我！」

你總不能用威脅的口氣說：「你現在就要讓我的書大賣！不然就給我一百萬！」就算是天使也會被你嚇跑。正如沒有人第一次約會時就提出上床的要求吧！總要有互相認識的過程。宇宙當然了解你的想法，但你得先建立聯繫的管道，才能獲得有深度的智慧之語。有時你會以為自己進入了自動書寫狀態，但其實還是用頭腦在思考。

欲速則不達，只要持續練習，有天你就會驚喜地發現，宇宙的訊息源源不絕而來。

自動書寫不是寫日記

寫日記是從第一人稱的角度出發，開頭一定是：「我……我……我……」而自動書寫是第二人稱，例如：「你是被愛的……你很棒……你要更有耐心……你沒事。」日記是從小我出發，只用來記錄和分析問題，或只是在抒發心情。愛因斯坦說過，問題本身帶有一定的能量，但你得具備更多能量才能克服它。同樣地，日記是用一般的思維寫下的，所以無法解開生命的疑惑。

自動書寫則是收接高層次的訊息，無論是來自於你的內心或外在的神靈，總之都是超越你的日常思維，所以才更有效、更有智慧。

別誤解，寫日記很好，除了紀錄生活，還能分析事情的經過，進而反省自己；還能宣洩情緒。

但是，寫日記的視角總有主觀的成分，讓你難以客觀地去解讀生活經驗。但透過自動書寫，你在精神上就能退後一步，成為全知的觀察者或是在旁默默陪伴的啦啦隊。這時一切都會改變，你也會得到靈性的指引。你不再被困在壕溝裡，而是從遠處觀察。這個過程和寫日記完全不同。

自動書寫的話語來自內在智慧，你也可以稱祂為天使、指導靈、宇宙、神聖源泉，或是你要叫祂巨大甜甜圈也行。這個內在聲音會說：「沒關係，看看世界的整體樣貌。我還會展示一些你平常沒注意到的事，畢竟你個人的視角有限。」

自動書寫不是用來預測未來

我每天至少進行一次自動書寫，而且一整天都可以清晰地聽到那個聲音（尤其在替學員上課時），但我不會用它來算命。

首先，未來還沒來，一切都是未知數。我們都聽過多重宇宙的概念（這超出本書的範疇，先不詳談）。我們都有自由意志，宇宙也有，誰知道接下來會發生什麼事。

所以每次我在上課時都會說：「別叫我算命，我的水晶球壞了。」生活中有太多元素交雜在一起，誰知道何時會發生什麼事？對未來的事情了解太多，會剝奪人生的驚喜與樂趣。

更重要的是，試圖預測未來，就會離神聖泉源越來越遠。你不再以心靈為依歸，也接收不到震撼人心的訊息，又開始用頭腦來思考、推測和計劃未來。

每次我用自動書寫詢問接下來的發展時，我總是聽到天使說：「你現在不應該知道答案。」事實上，活在這種充滿不確定感的時期，正有助於我們成長。除了深入自己的心靈深處，還能放下過去，以治療最深、最久的傷口。若凡事都有答案，就無法打開心胸，以迎來成長或治癒的契機。俗語說得好，與其一直接受餽贈，學會用釣竿才是長遠之計。

因此，一開始不要用自動書寫來擬定生活的重大決定。要循序漸進，先從簡單的生活瑣事開始。人要做出重大又嚴肅的決定時，小我意識會佔主要地位。許多人都想問財務、工作以及感情方面的問題，這些在自動書寫中都有答案。不過一開始你只能得到模糊的線索，所以要保持開放的心，不要只想要現成的答案，日子久了，你就能找到適合的發問方式。

自動書寫不是通靈板

有些人認為，自動書寫跟通靈板的原理一樣，但他們錯了。請不要擔心，我不會讓你靈魂出竅，也不會讓你的手被靈體掌控。在自動書寫時，你的手和身體都在自己的控制下，也不會有靈體來附身。動手指的人是你，寫字的也是你。

宇宙的訊息會先進入你的腦袋，接著透過神經系統發送訊號到你的手，讓你開始寫作。如果你是天生或是老練的靈媒，就直接用口說就好。但大多數人天生不會通靈，也不會花大量時間去練習；而寫字有助於大腦接收靈性的訊息。

自動書寫不是口授記錄

有些人認為，自動書寫就是記下腦海中最洪亮的聲音，但並非如此，那是你小我的聲音，自己的內心聲音，轉述傳來的訊息。

那到底什麼是自動書寫，我有位學生米格爾講得真好：

鉛筆、筆記本還有你的書桌，意外變成了聖壇，讓你能理解生命、意識和世上萬事萬物。我們和宇宙相連，並讚嘆祂的恩賜、美好及偉大；這種敬畏感是發自內心的。這種與萬物合一的感覺，是如此圓滿。你不需要特別的儀式或方法，只要寫下震懾人心的話語就好。祂的能量就如同神祕的火山一樣，超越個人的認知與常見的物理現象。那股能量爆發時，你整個人會深陷強烈的情感漩渦中。那是生命的本源……是無限之力……是偉大的聖靈……

這些話都是從他的筆尖傾瀉而出，一字一句都不用刪除，也不用編輯，寫下了就是真理。在自動書寫中，我們和精神導師（spiritual master）心靈相通，一起見證感動的時刻。

三個令人意外的補充說明

自動書寫與寫作能力無關

許多學員一開始說自己不會寫作或討厭寫作。但我最喜歡他們了，因為這些人對自動書寫最快上手，還常寫出有深度和智慧的話語。而他們也都很清楚，那些話語不是自己的個人意見。

所以，如果你認為自己不會寫作，那太好了，這代表你的思維不會介入自動書寫的過程。

我與神經科醫師紐伯格（Andrew Newberg）討論過這個問題。他發現，開始自動書寫時，額葉會停止運作或減少血液流動，而這個部位是負責處理人的執行功能，包括寫作。

有些人為了提升寫作技巧，多年來不斷練習，額葉也會比較發達，但我們現在需要它休息一下。而寫作經驗比較少的人，反而更容易做到這一點。

額葉關機後，另一個新世界就跟著打開。你的意識、內在智慧或天使便會出來玩耍。不用頭腦寫作，就會更快進入自動書寫狀態。

作家有時會遇到瓶頸，幾個小時下來寫不出一句話。但自動書寫不用寫很久，不會讓人疲憊，更不會導致「書寫痙攣」。這不是在寫論文或考試。你只需坐下來，讓手指自由舞動，屆時就水到渠成。你也可以設定時間，十分鐘一到就停筆。自動書寫的關鍵就在於「不用努力、放手輕鬆寫」，最好可以帶著遊戲的心情去進行。沒有字數限制、沒有特定主題，自由地書寫，就算是花十分鐘寫下胡言亂語也沒關係。

再強調一次，如果你很討厭、害怕寫作，那就更適合來練習自動書寫，成效會比其他人好。相反地，習慣動腦堆砌辭藻的人，就很難寫出神聖的訊息。

如果你有嚴重的關節炎，導致無法握筆或打字，那就可以改用「自動口述」（automatic speaking），讓神奇的話語從自己口中流出。不過這種方法也是要透過循序漸進的練習才有效。因為人在自動口述時，更容易被自己各種念頭所打斷。最好用3C產品錄下自己說的話，再用電腦軟體轉換成文字。

比起神祕的靈體，心理健康問題更危險

通靈板最危險之處在於，你永遠也不會知道會召喚到哪種靈體。但是在自動書寫的過程中，意向禱告（intention prayer）會發揮保護的作用。

簡單來說，透過意向禱告，你會被愛和光的泡泡包覆著，你只會召喚到最高能量或高等的靈體。根據我的經驗，百分之百都是如此。

在自動書寫的過程中，不會召到不請自來的靈體。後面幾章我會介紹一些禱告的步驟，只要一一遵循就好。不過有極少數人就不適合從事這種靈性寫作法。

我有個好朋友患有躁鬱症，有次他在練習瑜珈呼吸法時症狀發作。雖然我沒有看過學員出問題，還我還是要強調，如果你有躁鬱症、思覺失調或多重人格障礙，就不要練習自動書寫，因為你很難判斷是誰在說話。有心理健康問題的話，一定要

先尋求專業人士的協助，康復後再考慮投入靈性的探索。

時間就像牙膏，擠一擠總是有的

這是我最喜歡的生活煩惱，只要反向操作就能克服了。某個禪宗大師說，如果你找不出五分鐘來打坐，那就打坐十分鐘吧！看起來很矛盾，但同樣的道理，如果你早上沒時間自動書寫，那就午休時練習一下吧！只要你有心，宇宙會幫助你找到生活中的盲點、並提高工作效率，以得到更多時間。所以，無論學員多麼忙碌，我也會請他們練習自動書寫。只要你在一天之始做好準備，天使就會陪你克服萬難，設法擠出更多時間。

有些人要帶小孩或是工作要輪班，無法有規律的作息。那只要保持彈性，抽空再執行自動書寫就好。一開始看似艱鉅的任務，只要持之以恆，就能自然達成。

實行過程

在書中，我會循序漸進地教你相關方法，就像在參加線上培訓和訓練營一樣。

你需要知道的知識我都寫在書中，相關的問題我也會一一回答。我只要求一項，先遵循我的做法，再依個人的需求去變更。

自動書寫不光是寫下想法而已，這是個動態的過程，禁得起時間考驗，只要循序漸進，就能接觸你的內在高我。每天都練習，一點一滴汲取高我的智慧，你自己就能成為明亮閃耀的燈塔。透過自動寫作，你就能開發直覺力，並獲得智慧和人生的指引。

接下來我會說明進行自動書寫的最佳環境以及開啟的儀式，還有如何發問，才能得到生活的指引和指導。高靈會幫你分析、解決難題，並根據最適合你的情況設計解方。你的負面情緒會慢慢消失，內心創傷會慢慢治癒。你將踏上一條追尋的道路，你會找到真正的自己以及此生的使命與潛力。

現在，我們開始踏出第一步吧！

第二章

創造最佳的自動書寫環境

Writing

不管是寫論文或創作小說，寫作的環境非常重要，自動書寫也不例外。每年我指導上千名學員，大家都想知道，應該在什麼時候向宇宙尋求答案。清晨？深夜？在哪裡練習比較好：室外、床上或書房？在地板上趴著寫可以嗎？接著他們想知道，要用哪些步驟，才能進入出神狀態。

每個人最終都會發展出自己的技巧，我會先教大家基礎的方法，包括地點、時間及起始步驟，讓你體會自動書寫的神奇之處。

用儀式轉換心情、拉回注意力

各種生活環節都可以變成儀式。意思是說，我們可以有意識地生活，彷彿一切都是神聖的宗教活動。

除了進行自動書寫，在開車、工作、運動或做家事時保持崇敬的心態，生活就會更有層次，我們也會有更多機會和神聖源泉、指導靈和內在智慧連結。只要有心，無處不是靈性活動。

那麼儀式（ritual）和典禮（ceremony）的差別在哪？後者是一種活動，而前者是實行的方法。婚禮是典禮，而儀式是走紅地毯、交換結婚誓詞、戴戒指以及親吻等。

我以前在一家冥想學苑擔任導師，每天都要執行各種儀式，包括點蠟燭和香，以及敲鐘、放音樂等。儀式的功用在於，讓你的心和腦波穩定下來，準備迎接重要的時刻。我和紐伯格醫師的討論時，把這過程稱為「誘發」大腦反應。

棒球選手站上打擊區時，會先作勢揮動球棒；網球選手在發球前，會用球拍拍球幾下，再將球拋向空中。高爾夫球選手會練習揮桿；吉他手彈琴前會先調音。每個人都有一套喚起專注力的儀式，讓自己散漫的心收攏起來，把重心放在眼前的事物上。

在開始自動書寫前，用各種儀式調理身心，就比較容易接收到宇宙的訊息。從醒來的那刻起，每個步驟都有意義：洗把臉、喝點熱開水、播放音樂、念禱詞，接著開始冥想。我會在下一章介紹相關的步驟，有些令人感覺有點蠢，但每一步都會帶你更深入心靈深處，直到完全進入自動書寫狀態。

即便我已經修練了許多年，但每次開始自動書寫時，我絕不會省略任何一個步驟。就像下樓梯時一階一階往下踩，不要用跳的，就會發現每一步都有其深遠的意義。

說了這麼多，現在該來具體了解自動書寫的步驟，我們稱之為書寫儀式，而時間是第一要素。

一日之計在於晨

我想許多讀者都不認為自己是晨型人。很少有人一早醒來就變成明亮閃耀的燈塔。然而，為了能成功接收到宇宙的指引，建議你一早起來就進行自動書寫（除非你有更喜歡的時間）。

雖然天使不會休息，但當整個世界都在沉睡時，你更容易聽到祂的聲音。當你能穩定與祂連結，再嘗試於其他時間實驗看看。

我和大多數人一樣偏好在清晨進行自動書寫。一旦你理解當中的緣由，並也已經努力嘗試過，就可以自行決定最好的書寫時段。

理論上，你要在一般人展開活動前起床，做不到的話，就比平時早起十五分鐘就好。起床後，上個廁所、喝點水，但我強烈建議不要碰含有咖啡因的食品，因為你要保持半睡半醒的狀態。在寒冷的冬日早晨，一杯熱熱的花草茶是更好的選擇。

最佳的冥想場所

每個人的神聖轉運站都不同。你喜歡怎麼樣的冥想空間？有些人喜歡在床邊的小沙發上靜坐，有人喜歡單獨待在書房。我還有學員喜歡在浴室靜思，因為是他家中唯一的私密空間，狗、貓及小孩不能進來打擾。有人會躲在衣櫥裡，也有人會窩在樓梯間或牆角。當然，你也可以坐在床上。

不管哪裡都好，只要氣氛昏暗就好，否則日出、路燈、鄰居或車流的光線會刺激大腦，令你突然清醒。記得拉緊窗簾或放下捲簾，並調暗所有燈光。

如果想增加儀式感，可以點上線香或蠟燭。在擴香儀中加入乳香或薰衣草精油也有助於心靈平靜，並營造適合冥想的氣氛。

光線、外界的聲音都會刺激感官，香味太濃也是。刺激越少，你越能進入自己的內心深處。所以，你的祕密基地在哪？找出那個美好、昏暗、溫暖且舒適的地方。

數十冥想法，讓頭腦學著待機休息

先練習簡單的冥想法。為了避免不小心開始睡回籠覺，請保持坐姿。冥想時睡著也不錯，但就沒有靜心的效果。想要開始自動書寫，你的道行不用很高深，也不必是瑜伽大師。你不必到喜馬拉雅山上或是離群索居，也不用心如止水。你只要做一件事：讓所有事情慢下來，像樹懶一……樣……慢。

我先介紹「數十冥想法」，這是最簡單、最容易上手的靜心法，非常適合進入讓自動書寫狀態，讓你體會到那神奇的靈性能量

首先，將手放在肚子上，用鼻子完整地深吸一口氣，一路吸到肚子，感覺肚皮膨脹起來。接著用鼻子吐氣，提醒自己這是第一回合。然後再一次吸氣……吐氣。

過程中，如果你突然想起：「啊，我忘記今天要交報告給主管。」那就好好吐氣，從第一回合開始重新計次。若再次被其他念頭打斷，如「還要發電郵給客戶」，那就再從頭開始。

簡單來說，每當你計次的節奏被打斷，就要從頭開始。理想上，你應該要讓頭腦安靜下來，並順利地做完十回合，但很少人能做得到。相反地，大家都是來來回

回中斷數次。這沒有對錯的問題，也不是為了證明誰比較厲害。即使你每次到第二回合就要重來，也有助於靜心。每次你攔住念頭，將心神帶回冥想狀態，都是在讓腦袋休息。久而久之，你的思緒會更輕快、更安定，不再像跳著旋轉舞的猴子一樣。

就算你用正常短淺的呼吸法，也很難心無雜念地數到十，除非你是道行高深的出家人。有些人練習好幾個星期也數不到三。沒關係，持之以恆才是最重要的。你在訓練大腦的正念能力、加強冥想的功力。無論你是數到三、數到五都可以，有練習就有效果。

呼吸冥想五到十分鐘後，就可以開始自動書寫了，最好能持續十分鐘，但一開始量力而為就好。通常初學者冥想一分鐘就會不耐煩，會覺得時間走得很慢，還忍不住要看手錶。最簡單的解決方法是設計時器，但聲響要溫和、不刺激，時間一到，你就可以放鬆了。總之，冥想時保持專注，不要在意時間。

我從克勞迪奧那學到另一個冥想技巧。他是我之前在茂宜島的冥想老師，現在住在墨西哥的科蘇梅爾島。他冥想時，會坐在休閒品牌「湯米巴哈馬」的躺椅上。他的方法很簡單，就是有什麼念頭都讓它來。換句話說，他什麼都不做，不做任何努力，只是與椅子和自己的心靈同在。他總是開玩笑說，哪怕不小心口水流出來也沒關係，只要專注於當下就好。

念頭浮現時，淡淡地看著它；不久後另一個念頭出現了，再跟它打個招呼，不多加判斷，只是欣賞就好。

好好坐著，不思考、不擔憂也不做任何事，這就是準備自動書寫前最好的冥想方法。一開始很難，因為思緒總是會飄來飄去。事實上，「放下念頭」是世上最具挑戰性的任務。

不妨先做十分鐘的數十冥想法，接著放空、靜默一段時間。這是個兩全其美的方法，我自己很愛用，也會推薦給學員。首先，你能學著暫停思考，單純地觀察事物就好。再者，你能學會品味靜默之美。對我來說，這就是冥想的神奇之處。

多多練習數十冥想法，就不會急著跳入念頭的漩渦。唯有如此，頭腦才不會一直在接受刺激。這個簡單的冥想法可以培養正念，而且隨時都能做。在經年累月的練習下，頭腦就不會喋喋不休，你的心也不會被念頭牽著鼻子走。

想像你在一個繁忙的火車月台上練習數十冥想，卻發現自己意外搭上一列名為「職場困境」的列車（此外也有「婚姻危機」、「假期規劃」列車）。無論你意外搭上哪一班列車，都可以及時下車，回到冥想中。這對自動書寫有益，也能提高你的專注力並減少焦慮。你將更懂得掌控自己的思緒，而不再被憂慮和思緒纏住。

冥想時的姿勢沒有一定，有些人喜歡盤腿坐在墊子上，有些人習慣直腿坐在椅子上，重點在於肌肉要放鬆而背頸要直。找出讓你最舒服、最放鬆的姿勢，才不會一直動來動去、想東想西。只要符合這些原則，就是一次完美冥想。

網路上有很多冥想的語音引導，但我不建議你跟著做，因為它們對大腦也是一種刺激，會破壞內心的靜默。屁股坐在墊子上，好好地吸氣吐氣十分鐘，那就是一次完美的冥想。再強調一次，以上這些都是大方向而已，只要對你有幫助的步驟，都可以實驗看看。

用鼻子呼吸，身心才會放鬆

用鼻子吸氣和吐氣，就比較不會引發神經系統的戰或逃反應。回想一下，嬰兒喝奶時（無論是母乳或奶瓶），自然而然地都是用鼻子呼吸，那是一個幸福的時刻。直到某天他人生第一次感冒，鼻子塞住了，在絕望下，只好學會用嘴巴呼吸。這種方法會啟動交感神經，並引發戰或逃的反應，到長大後都忘不了。因此，包括人類在內，許多動物面對危險時，會不自覺用嘴呼吸，並流露絕望的表情。

相反地，用鼻子呼吸會啟動副交感神經，並讓身心進入休息、放鬆和消化的狀態，而這就冥想時的樣子。

冥想時手機最好關機

有些人喜歡用冥想APP來靜心，但我不建議這麼做。首先，引導的語音會刺激你的腦部活動，再者你總會忍不住順手打開其它APP，看看有沒有人傳訊。這是一種習慣，就像打開洋芋片後，你會在不知不覺中就吃掉半包。

因此，用手機APP來幫助冥想，你寶貴的時間與精力就很容易浪費掉。我總是把電子郵件（e-mail）叫作「e的兩次方郵件」(e-squared mail)；這兩個e就是「所有其他人」(everyone else)。他們的提議或要求都會透過網路傳來，而你的需求會被擺在第二位。

因此，在進行自動書寫前，一定要遠離這些追殺令，否則你的能量會消耗殆盡。

如果你不需要用手機聆聽「聲波音樂」（我稍後會解釋），就將它放在另一個房間，或是開啟飛航模式，把所有的通知聲響都關掉，以免它們刺激多巴胺分泌，讓你難以保持平靜。

絕不可以查看電子郵件或通訊軟體，否則在你冥想時，一定會回想那些訊息，想著如何回覆、下一步該做什麼。

不久前，一隻黃蜂闖進了我的工作室，還不停地用頭撞天花板，想找尋出路。我能感受到牠那股焦慮、不安而恐慌的能量。我想救牠，讓牠重回大自然。一陣狂舞後，牠耗盡力氣、飛行速度減慢，我感到牠的恐慌消失了，於是把牠趕進玻璃保鮮罐裡，接著拿到院子裡放生。

每個人腦中都有許多想法，也總是有擔心、煩惱不完的事情。我們心裡有許多疑惑，但其實答案早就有人幫你想好了。如果我們像那隻黃蜂一樣，不斷地飛舞又撞牆，就沒辦法放慢腳步，聆聽宇宙要傳達的訊息。

如果那隻黃蜂想到：「我來做個數十冥想；我要坐在窗台上，讓自己平靜一下。」，那救星很快就會出現了。有個人類會拿著保鮮罐，在牠還沒意識到發生什麼事情之前，送牠回野外。

所以，我們在早上準備進行自動書寫前，也要先等待腦中飛舞的黃蜂放慢速度。否則天使就追不上我們，好幫我們擺脫當前的困境。

找到自己的祕密基地

完成了簡短的冥想後，可以坐到到舒適的椅子上，拿起你最喜歡的日記本和筆，準備開始寫作。你也可以原地不動，在剛剛冥想的祕密基地練習自動書寫。此時，你應該處於完全放鬆的狀態。

我不建議你在有電腦的書桌前練習，你會忍不住要查看電子郵件或感受到工作的能量。自動書寫不是工作，所以最好在清爽的桌面上進行。

你會需要足夠的光線，才能看到筆和日記本的頁面。如果自動書寫的字跡比平常潦草十倍，有點難讀懂，這代表你在書寫時進入了那個半夢半醒的狀態。這就是我們要進入的狀態。昏暗的祕密基地有助於增加氣氛。

如果居住環境中有許多干擾的因素，請先處理好，比方先把狗放出去溜搭，或是裝好貓飼料。如果怕小孩起床後會吵鬧，那請你早睡早起，好讓自己有私密的時間能進行冥想。想當個自動書寫高手，生活作息就要更加規律。

如果你的居住環境完全不利於冥想，就往外找個私密空間。比如一大早就溜進自己的車子裡，在車上撥放聲波音樂，專注地冥想十分鐘，接著開始進行自動書寫。這些事情在嘈雜的環境中很難完成，所以你得找到一個祕密基地。我還有學員會躲在衣櫥裡練習。

無論在哪裡，你都要確保都有充足、不受打擾的時間，而且越安靜越好，這樣才能自由地書寫。如果早上真的有困難，那就等到晚上所有家人都就寢後再開始冥想。雖然這不是最好的時間，但許多人還是成功完成自動書寫。

祕密武器：雙耳式 θ 波音樂

對於很難進入自動書寫狀態的人來說，聲波音樂是一帖萬靈藥。

冥想完後，你準備開始自動書寫時，就可以來播放雙耳式 θ 波音樂（binaural theta brain-entrainment music）了。這些儀式都是為了讓頭腦安靜下來，讓它進入深層的 θ 波狀態，有時你會突然悟得什麼道理，或是接收到智慧的話語。

我不是神經科學家，也不曾教過物理，所以我會從業餘人士的角度來說明雙耳式聲波音樂背後的科學原理。這些內容可能會出現在益智節目的考題喔！

雙耳式（binaural）指的是，兩耳會接收到不同的聲音，而大腦會將兩個聲音統整在一起。透過兩邊的聲波，左半腦和右半腦就能連結起來。

左右腦兩邊同步，我們就可以進入更高的意識狀態。具體來說，就是能放下線性思考的左腦，而提升更有創造力與靈性的右腦。連結之後，專注力和創造力都會提高。兩耳各自接收不同的聲音，會產生許多神奇的效果。

接著我們談到頻率，昏暗安靜的環境，對自動書寫特別重要。

住在市區中，周圍總是充滿喇叭聲、車聲和突如其來的警報聲，而你的身心就會跟著這些頻率振動。另一方面，住在靜僻的山間小屋，不時能聽到鳥鳴和樹葉被吹動的聲音；住在海邊，就可以聽到輕柔的海浪聲。你所處的環境有哪些聲音，你大腦頻率就會跟它們一樣。

然而，要進入自動書寫狀態，腦波要呈現出一種特殊的頻率，此時你的意識不是非常清楚，而是有點恍神，這才能超越理性思考，發揮高度的創造力和接收力。

因此，我們要設法讓腦波進入 θ 波狀態。成功後，大腦的執行功能會暫時關閉，不再以任務為導向。前額葉皮質是讓我們以主觀視角來思考，這個區域會暫停運作。頂葉也會關閉，它是用以處理本體感覺（proprioception），好讓我們在某空間中找到自己的身體定位。因此在 θ 波狀態中，本體意識會消失，我們就能與萬物連結，甚至接觸到高層次的靈魂。美國科學家丘吉（Dawson Church）博士說，大腦的開悟迴路（enlightenment circuit）就會開始啟動了。

進入 θ 波狀態時，我們會感到非常快樂，還能連接到至高的存在者。換句話說，你能跨出小我，進入丘吉博士所謂的「超悅大腦」（Bliss Brain）狀態。

包括我在內，許多人都相信，科學總有一天會證明，人類進入極樂大腦狀態時，松果體會被啟動。松果體又稱作第三隻眼，能幫助我們進入最深度的意識狀態。

想要更深入了解這些資訊，大家可以參考丘吉博士的著作《超悅大腦》，以及紐伯格醫師的著作《開悟如何改變大腦》（*How Enlightenment Changes the Brain*）。

想觸及天堂，就要打開松果體並關閉頂葉。我將在後面的章節中解釋這種想法背後的科學原理。我也希望有更多專家投入這方面的研究。

進入 θ 波狀態後，額葉關閉，大腦不再進行理性思考，而其他部位會開始運作，讓你開始接觸到潛意識、內在智慧與神聖源泉。

許多神經科學家都在研究，腦袋進入θ波狀態後，松果體就會被啟動，我們也許就能獲得靈性或開悟的體驗。要開始自動書寫，我們不用進入δ波狀態，也就是睡眠模式。我們要進入的是它的前一步，也就是θ波狀態。這時我們不會動腦寫字，而是腦洞大開，準備接收靈性的訊息。而腦波與身心狀態的關係如下：

腦波	波形	赫茲	身心狀態
β波		14-30	意識清楚；有正常的警覺心，但會略微感到壓力、焦慮與恐懼。
α波	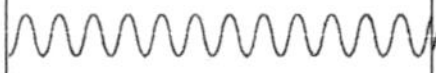	9-13	平靜安祥；藉由放鬆及靜心可達到這種狀態。

θ 波	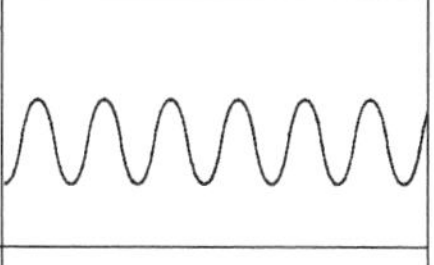	4-8	深層的創造力與洞察力浮現；天人合一的感受。透過自動書寫、深度冥想及催眠可達到這種狀帶。
δ 波	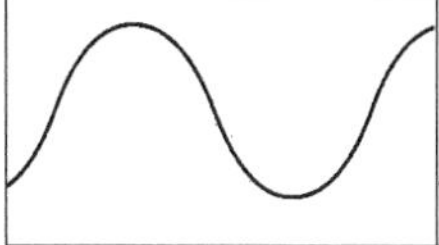	0.1-3	深層睡眠；有助於細胞再生、療癒心靈並恢復青春活力。

現代人每天過著壓力大又焦慮的日子，待辦事項又一直來，所以腦袋都是處於 β 波的狀態。然而七歲前，我們腦袋大多都處在 θ 波狀態，直覺強又極具創造力，還能接收到靈性的訊息。他們同時活在現實的物理世界與靈性空間中，理性腦和感性心靈同時運作。他們能夠接受內在智慧的訊息，並碰觸到自己的潛意識。因此，幼年時受到的體罰不論再怎麼輕微，都會成為我們一輩子忘不了的創傷，因為它已經被刻在潛意識中了。

近期研究指出，雙耳式音樂有助於腦袋進入 θ 波的狀態。網路上有各式各樣的免費資源，試著找到適合你的聲波音樂，如海浪聲、雨聲或燒柴聲都很療育。

城市裡各種噪音都有，不妨使用降噪耳機，這樣就能暫時隔開嘈雜的世界，適時躲進自己的祕密基地。市面上有各式各樣的相關產品，如果你的住處很沒那麼吵，那使用一般的耳塞就可以了。

雖然這些環境音可以放出來，但是耳機有幾個好處，尤其是兩側的耳朵會接收到不同的音頻，而聲音也會更清楚，免受周遭人事物的打擾。你能更專心地聆聽聲波音樂，讓大腦調整到穩定的頻率。

聲波音樂不是絕對必要的，沒有它你還是能進入自動書寫狀態。但在 θ 波音樂的幫助下，無論是我自己或學員，都能更快進入進入冥想狀態，就像搭高速鐵路一樣直達目的地。

許多學員一開始進入不了自動書寫的狀態，但在聲波音樂的幫助下，按部就班地進行，就會有極大的進步。現在我們複習一下起床後步驟：

1. 完成少量且必要的家務。

2. 在祕密基地冥想十分鐘。
3. 移動到可以書寫的安靜角落。
4. 選好 θ 波音樂，讓自己的心安靜下來，準備關掉大腦的思考功能。
5. 戴上耳機。
6. 開始召喚宇宙能量，展開令人驚喜的自動書寫。

第三章

書寫前的禱告話語

Writing

我自創了幾個方法，讓你開始動筆時，大腦與雙手能更快投入這個過程。先從意向禱告開始，接著提出問題，請出我們的指導靈。

透過禱告來創造內心的平靜空間

這是自動書寫的具體第一步驟，讓你打開心門，迎向最深層的智慧。意向祈禱能造出愛與光的保護罩，讓你安心地在裡面接受訊息。你也能將它視為一個神聖的器皿，而你安坐在其中。禱告後的你，就像踏入兔子洞的愛麗絲，準備面對未知的世界。自動書寫是一趟神祕之旅，意向祈禱就是進入冥界前的擊鼓聲，而神奇的力量和指導靈等在等著你。

開始上課前，出於尊重，我會先詢問學員的宗教信仰，看他禱告的對象是上帝、宇宙、高我、內在智慧、耶穌、佛陀或阿拉。只要是至高的存在者，就能把你的精神帶到高處，以召喚訊息。

接下來我介紹的禱告方式，對我以及學生都管用。你也可以設計自己適合的方式，如果你沒有特定的宗教信仰，向內在智慧禱告就好，都會能進入自動書寫的狀態。無論你的精神及宗教信條為何，都能使用自動書寫，只要你覺得有效和自在就好。

自動書寫的包容性很強，所以儘量把你原有的信仰放進去，不要有所區隔，這樣你才能發自內心開始書寫，並得到答案。

我的禱告對象是上帝，但我不認為祂有具體的形象（如大鬍子老公公），而是愛的象徵。我們因愛而誕生，我們的存在就是愛。正如拉胥羅博士所說的「阿卡西場域」（Akashic field），那裡充滿了愛、正向與神聖的訊息。愛是無所不在的能量，圍繞著我們、填滿我們的生命，並構成生命的核心。對我而言，愛就是上帝。

如果你不喜歡對上帝或神明禱告，大可換成你自己喜歡的精神概念（比如宇宙甜甜圈）只要你相信，都會帶來能量。禱告是個準備動作，它能讓自動書寫更加順暢，而你可以自行設定內容。

就算你練習了一千次，開始前一定要寫下禱告詞。我的禱詞簡稱GSPI，也就是引導（guide）、圍繞（surround）、保護（protect）以及充滿（imbue）：

主啊，謝謝祢用愛和光引導我。

主啊，謝謝祢用愛和光圍繞我。
主啊，謝謝祢用愛和光保護我。
主啊，謝謝祢讓我充滿愛和光。
主啊，感謝祢。主啊，感謝祢。主啊，感謝祢。

如果你沒有宗教信仰，就把「主」改成「內在智慧」。

自動書寫就像約會一樣。先從握手開始，接著彼此認識、相互了解並發展關係。過程中，你要不斷澆水灌溉，關係才會有進展。

但要有充足的時間才會開花，所以你一定要許下承諾，不可輕言放棄。每天都要練習，至少持續三十天，就像你在認識新朋友一樣。

這過程又有如重新理解自己。在這一個月中，你每天跟陌生的自己「約會」，只要保持耐心，整個人生都會因此改變。探索你的內在智慧，持續練習三十天，身心感覺會更好、更輕鬆、更有自信，生活也會走上正軌。不過，關於深刻的人生問題暫時還不會有答案。

至少你能跟自己說：「哇，我現在有了心靈GPS了。我知道如何到達目的地了，弄清楚想去哪裡了！」這就是堅持下去的成果。

最重要的是，就像約會一樣，沒什麼人第一次出去就直接上床。好吧，時代在改變，但我們談的是約會，不是約炮。操之過急的話，你反而會失去靈性的連結。跟天使培養關係，多接觸靈性的知識，才能進入下一階段，詢問重大的問題。

我稍後會談到，我會先從三個基本的日常問題開始，接著才不斷提升問題的層次。我們會加入一些顯化和視覺化的技巧，包括如何解夢、求財。三十天後你就會發現，自己學會了一些管用的方法。

透過意向禱告，我們能敞開心門，創造愛與光的器皿，讓自己與內在智慧連結。在內心創造神聖的場域，再加上寧靜的外在世界，就能開始自動書寫了。

邀請各大神靈來當你的智囊團

做好準備、禱告完成後，就可以來召喚內在智慧或指導靈，請祂們透過我們的手指開始自動書寫。這個步驟我撐之為「祈求」或「迎神」。

稍後我會分享我的禱詞，而我對此有點迷信。你也應該召喚自己深信的對象，無論是何人或何物，或至少喚醒清明的心智。

這個步驟就像招募球員或智囊團一樣。成功學大師拿破崙・希爾在其著作《思考致富》中談到，他在練習自動書寫時，會在心中請來許多歷史人物和還在世的傑出人士，像是發明大王愛迪生。（當然這些大人物會在他心中吵起來。）有次拿破崙去找愛迪生本人，把自己寫下的「愛迪生評論」給對方看，愛迪生居然覺得有道理。

我也有個專屬的靈性團隊，而我每天召喚的成員都不同。有時我會把大家叫來，有時只請一兩位。為了保護我們的房子及土地，我會召喚大地之母、自然神和美洲獅。我在野外見過那隻猛獸後，就試著召喚牠的靈魂，對方也有回應，說自己叫做馬克西米利安。

我也喜歡邀請三位已經過世的老人家，包含我結婚時的伴郎傑克，當年他「才」八十九歲，還沒退休。他工作到九十二歲，最後一份工作是養老院的巴士司機，負責載送那些七八十歲的「年輕人」。接著是普娃阿姨，我們住在茂宜島時，她就像我們的庫普納（kupuna，夏威夷話的「長輩」），教導我們阿羅哈精神。還有兩年前剛過世的卡拉，我們摯愛的朋友。

此外，我還會召喚莫勒，牠是隻田鼠，出生後四天我們就開始餵，可惜很早就去世了。當我迷失方向時，傑克會不客氣地踢我一腳，但莫勒會鼓勵我，跟我說些加油的話。

不管是你身邊的人、過世的親人，或是到夢中拜訪你的靈魂或精神人物，都可以召喚來諮詢。說起來有點怪，自從我夢到美國總統杜魯門後，就會透過自動書寫來請教他問題，不過他沒說過什麼有趣的事。我的外婆最常來，她總有許多話想跟我說。

前面提到，我相信天使存在，所以祂們都在我的召喚名單中。我也常跟學員介紹大天使，因為除了大地之母等自然神，大天使是最容易召喚到的。我相信祂們總是和我們在一起，並願意伸出援手。不過，如果是一些日常的瑣事，除非我們特地召喚，否則天使不會主動幫忙。

以下是簡單的祈求內容，你可以照自己的意思修改。試著召喚你的靈性智囊團吧：

早安，大地之母、自然之神。

早安，大天使麥可、大天使拉斐爾、大天使加百列。

早安，高我、諸天神、天使、指導靈與光之工作者，謝謝祢們來幫助我與眾生達到至善。

接下來我會邀請自己專屬的使者：

早安，傑克！早安，卡拉！早安，普娃阿姨！早安，莫勒！早安，馬克西米利安！感謝祢們保護我們的家園和土地。

早安，山神、樹神、精神導師、祖先、天使、指導靈以及光之工作者，謝謝祢們來幫助我與眾生達到至善。

我還會將我的腸道菌叢加進禱告對象中。我從荷蘭的學員那裡聽到這方面的知識。既然我們體內有數以萬億計的微生物，何不跟它們禱告，以求取它們的幫助。

請注意，你也可以召喚在世的人，包括傑出的領導者、藝術家、科學家等，與他們的靈魂建立連結。不過，他們的靈魂會不會回應你的召喚，就要看運氣了。

當然，如果你是無神論者的話，可以改向這世間的大愛、能量、光明面以及你的內在智慧禱告、問候早安。

寫好了你的祈求文後，就可以問第一個問題了。

問題一：今天需要知道哪些訊息？

寫下祈求文後，不要停頓，立即進入第一個問題，立即寫下「我今天需要知道哪些訊息」。然後，在接下來的五到十分鐘內振筆疾書。關鍵在於，你可以胡言亂語，但下筆時千萬不可思考。

我總開玩笑說，像個傻瓜一樣亂寫一通就好。換句話說，不要求助於你的腦袋，要讓手指自然地飛舞。

就這方面來說，自動書寫跟「自由寫作」很像。腦裡浮現什麼念頭就寫下來，不用考慮寫錯字、文法或邏輯。重點在於不停地寫，不要回頭修改，也不要邊寫邊分析，也不要加上評論。

在這五到十分鐘內，你的腦海會冒出一堆莫名的聲音和念頭，但請不要擔心，就讓手指自然地流動。這麼做目的在於，讓大腦放下掌控力，不再用批判的角度看帶你的寫作。此外，某些潛在的阻力如恐懼和焦慮，也能藉此消除。

許多人一開始只會重複地寫「不知道要寫什麼……不知道要寫什麼」，或者「早安上帝……感謝上帝」。沒有關係，只要不動腦地一直動筆就好。

許多初學者都會有臨場焦慮的問題，擔心自己會失敗、寫不好。有些人怕到連嘗試都不敢。諷刺的是，恐懼與焦慮正好是自動書寫的罩門，所以你得試著放下對結果的執著。開始練習時，筆記本裡一定會有很多毫無意義的書寫內容，那些都可以撕掉，因為這是必經的過程。接下來，你的書寫內容便會慢慢冒出智慧的種子。保持恆心，有天你就會每一篇筆記都字字珠璣，而且更貼近你的心。

在你進行書寫的時候，有一條意識流會偷偷潛入：

不知道要寫什麼……不知道要寫什麼。這方法太蠢了！我為什麼在做這件事？……一切都會好起來的，放心！你是被愛的。別緊張、放鬆，一切都很完美。訊息要出現了……不需要擔心。今天過會得很美好。

剛開始練習時，文字都是一小段一小段的，內容不重要，重點在於和宇宙產生連結，以開啟你與內在智慧的對話。

前面提到，下筆後五到十分鐘內，絕不可以停下來。但有些學員過度解讀，還以為筆不可以離開筆記本的頁面。澄清一下，你可以停個一兩秒把字寫清楚，否則太潦草的話，就很難看出宇宙給了什麼訊息。你可以一字一句慢慢寫，只要確保沒在動腦就好。

話說回來，剛開始練習時，每天的書寫內容確實是無法理解的，但這是一個好預兆，代表你沒有用上小我的理性，所以請堅持下去。在某個時刻，某個外在的靈性生命就會潛入你的意識中，那時你就能完全體會自動書寫的神奇之處。那時你寫下的文字跟句型，都會跟你平常所使用的完全不同，但別害怕，就讓手指自動地寫完訊息。你已經成功了，所以不用擔心它們是從哪裡冒出來的。

句子不要停頓，「不知道要寫什麼」、「我在幹嘛」、「腦袋一片空白」你可以一連寫十次。如果腦袋真的完全空白，那恭喜你。你頓悟了。總之，不管內容是什麼，繼續寫下去就對了，也不要太在意靈性訊息何時會出現。

這個過程就像飛機起飛一樣。你開始寫出一些訊息時，就像飛機在跑道上加速，感覺輪胎快離地了。此時，若你不經意開始分析自己寫的東西，飛機就會一直留在跑道上。接著你又開始寫出更多訊息，飛機準備再次起飛。若你又開始思考自己的筆跡是否好看、分析句子的意思或是想改正文法錯誤，機輪就會再次著地了。

沒關係，這就是學習飛行必經的歷程，可能要花上幾天或幾週，但大多不會超過一個月。我有一、兩個學員一開始挫折感很深，但他們有堅持下去，終於在三個月後看到成果了。最重要的是，他們在過程中對自己越來越有信，因為寫得越多、能量就越滿。在訊息傳來之前，他們從宇宙或內在智慧那邊接收到強有力的能量。

每個人都有過自動書寫的經驗。比方說你在開車時，突然聽到有人叫你踩剎車減速，因此幸運躲過前方的落石坍方。有時你拿起電話準備撥給某位朋友，對方卻馬上打過來。這些都是自動書寫經驗，所以它一直在你身上，等著你去開發，之後你就能接到意義深遠的訊息。

起飛後，你就要試著不斷爬升高度。同樣地，你學會自動書寫後，就要持續訓練自己的精神肌肉，好聽見從內心深處而來的更多訊息。雖然一開始你接受不到意義深遠的智慧之言，但當中一定會有些啟發。

多年來，學員最常提出的問題就是：「自動書寫的訊息何時會來？」我只能說，當你聽到有人和善地跟你說話，而且溫柔、有耐心又充滿愛，那應該就是高我在跟你說話了。

如果對方的口氣充滿了「應該」、「你一定要」、「不該如此」等字眼，逼迫你一定要去做某事，那就不是來自高我或內在智慧的訊息，而是小我在對你說話。那也沒關係，只要轉個方向，小我也可以幫上大忙。

當然，我們每天最煩惱的問題莫過於工作、財務、婚姻和家庭方面的難題，而且也無法逃避。然而內在智慧會跟你說，不妨先去處理一些表面上看來次要的事務，後來你才會發現，原來那才是解除困境的關鍵。

因此，在靈性的旅除上，當小我出現時，你可以請它去坐後座，讓你先完成當前的靈性目標，過幾分鐘再讓它回到駕駛座。這樣一來，至少你能爭取到一點時間，讓小我有機會跟內在智慧相處一下。但你要信守諾言，小我拿回主控權後，讓它繼續去面對生活難題。

因此，當小我開始指責「你現狀不該如此……你應該去做某事」，就請它暫時歇歇，說你之後會處理。之後我們談到，只要改善小我的說話方式，就有助於治癒心靈創傷以及一些情緒問題。

所以在書寫的過程中，當小我跳出來時，你可以停頓一下，確認是它在說話。

接著你告訴它，稍後你會處理那些生活要務。然後馬上繼續寫「不知道要寫什麼」，直到其他訊息冒出來。

我的學生珍妮是心理治療師。她說，當她在筆記本上問「我今天需要知道哪些訊息」時，就感覺像在接受心理治療一樣。她表示：「練習冥想和自動書寫，給我帶來很大的幫助。每天早上，我都從聽到內在智慧的聲音來開啟新的一天。」

第二個問題：我是誰？

五到十分鐘後，是時候進行第二個問題了，這是你人生中最深奧的問題，有助於你探索靈魂深處的自己。簡單的三個字，卻能帶起人生許多重要議題：「我是誰？」

發問後，在接下來五到十分鐘內，不要停筆，不用擔心寫不出來，也不要試圖動腦回答問題。再說一次，這是從宏觀的角度問你是誰，而不是要你回答自己的身分和職位等一般定義，因為那些都不是你的本質。

你的腦中會出現什麼句子呢？一開始你應該會手足無措，只能寫下：「該寫些什麼？要寫什麼？不知道要寫什麼……我是誰？我是誰？我是誰？」不用擔心，初學者很難接收到完整的句子，所以你只需要領略到幾個關鍵詞就好。這個問題很深奧，所以請保持耐心，很快就會接收到更多的訊息。當你開始得到線索，發現真正的你以及人生的使命，一切會改變。

剛開始練習自動書寫的前兩三個月，不妨每次都問這個問題。它就像一顆寶石的各個刻面，每次你發問都會得到不同的答案。最後你將答案組合起來，就會看見光彩奪目又有深度的自己。請好好享受這個追尋的過程。

第三個問題：今天要全力以赴的目標是什麼？

練習完前面兩個基本問題後，第三個問題將會帶你走向成功之路。

在前面的階段，你滿懷希望，想要探索自己的內在智慧，並獲與高我建立關係，但還是想知道，接下來的幾分鐘、幾小時以及未來的日子會過得如何？而第三個問題有助於解答這個疑惑。

我以禪宗的精神來理解這個問題。開悟之前，僧人每天砍柴挑水，開悟之後，他還是繼續砍柴挑水。所以，找出你今天一定要完成的任務，專心地砍柴挑水就好。因此，第三個問題就是：「今天要全力以赴的目標是什麼？」我簡稱為SMP（single-minded purpose）。

這個問題有助於你去找出今天得完成的首要任務，就算其他事情沒做完也沒關係。這不是經由思考得出的答案，也不在你的待辦清單中。在自動書寫時，如果你寫下兩、三個目標或工作，那它們就是你原本的待辦清單，是思考後的答案；因為高我只會給你一個任務。

有趣的是，每天的首要任務往往出乎你的意料之外，有時是一些日常事務，如回覆電子郵件、支付帳單（高我是個好管家）。到二〇一九年為止，我每一天接收到的任務通告都一樣：「好好照顧潔西卡。」高我知道我最在意的人是誰。所以我每天都有好好陪伴另一半，就算其他事情沒做好，我還是心滿意足。

不過在二〇二〇年初，情況有所改變，我開始收到訊息，要我每天試著步調放慢、身心放鬆。新冠疫情爆發後，高靈便要我進入待機狀態，好好充實自己，以備不時之需。

因此，完成前兩個問題後，就可以進入第三個問題：「今天要全力以赴的目標是什麼？」記住，絕不可以動腦思考。我得再三強調這一點，否則你會不經意地寫出一張待辦清單。

高靈偶爾會給你兩、三項必要的任務，但如果你繼續列下去的話，就是小我在發揮作用。因此，寫下高靈給你的目標後，就開始安排時間、全力以赴完成它，等到晚上就寢前，就可以來評估成果。

訣竅如下。早上完成自動書寫後，將今天的首要任務寫在便利貼，或是拍下來放在手機的行事曆，然後開啟通知，提醒自己在晚上時查看。

自動書寫不是靠自己努力，而是要建立靈性關係，不管你的對象是內在智慧、高我、佛祖或是宇宙甜甜圈，而且要像約會一樣，以最和善及溫和的方式進行。換句話說，那就像遊戲一樣，唯有樂在其中，才會有成效。

完成今日的書寫後，不妨活動一下筋骨，接著吃早餐、展開一天的行程。

向指導靈請教生活問題

澄清一下，這裡所說的指導靈，也可以替換成內在智慧、高我、靈魂嚮導或天使等高等生命，而你希望與祂有所連結。你可以先跳到第十四章進行三十天挑戰。

經過幾個星期的練習後，對於前面三個問題你應該已經很熟練了，接下來就可以開始與內在自我對話。不過，這三個問題先不要更動，直到你能順暢地接收到訊息，並確實了解自己的本質。之後，你就可以先把第二個問題「我是誰」轉換為跟外在事物有關的問題，如愛情、工作等。

這個問題有助於你了解自己的特質和人生走向，並打開和高等生命對話的契機。與內在智慧、宇宙、天使和指導靈交談，就能得到許多訊息，比如新冠肺炎疫情的啟示、是否該辭職去旅行、為什麼跟另一半生不出孩子等。生活中大大小小事都藏有重大的訊息，也都可以跟指導靈討論。

以下我列舉了一些問題，希望你也能勇於探索，提出對你最重要的人生議題：

- 我的人生目標是什麼？
- 我的方向正確嗎？
- 要提辭呈還是繼續留在崗位上？
- 如何放下今天所擔憂的事情？

- 為何會發生這種事？
- 為什麼這種狀況會重複發生？
- 如何找到待遇更好的工作？
- 如何改善人際關係？
- 如何與子女或父母溝通？
- 如何化解與同事的衝突？
- 如何增加收入？
- 景氣不佳，要如何自我調適？

前面有提到，唯有優美、有深度、正面又有智慧的話語，才是靈性訊息。如果那些話語令人感到消極，又充滿著「不應該、必須、絕對」這樣的字眼，那就是小我在發表意見。你可以撕掉這些負面訊息，然後從頭開始進行自動書寫。

開始對話的前幾週，不要期望會得到許多訊息，你和高我、內在智慧與天使的關係還沒有很緊密。進展有時會很慢，只要朝著建立連結的方向前進就好。你不只是在構建新的神經通路，還試著把靈魂接到宇宙的線路上。隨著時間推移，內在智慧的聲音會越來越清楚，甚至於你隨時都能聽到。到那時，不需要冥想、不需要紙筆，你就能接收到智慧的話語。

傾倒小我（Ego Dump）：別抗拒負面想法

以下的練習非常有效。之後你就會發現，即使是小我發出的聲音，也具有療癒的能量，而且當中藏有靈性的線索，只要稍加整合就好。在自動書寫的過程中，不管出現怎樣的訊息，都會對你有所助益，絕不是邪魔歪道。

相信大家都聽過吸引力法則，也看過朗達．拜恩的暢銷書《祕密》。從他們的觀點來看，我的方法一定有問題。根據吸引力法則，想到的就會實現，那如果你寫出負面的想法，不就是在給自己找麻煩嗎？但我認為，有負面想法時，更應該好好觀察一下，然後再丟掉。否則它就像手上的小刺，隨時都讓人感到不舒服。不管你內在有什麼垃圾，都要好好清理一番，別放著不管。

不管小我對你說了什麼負面的話語，都可以寫下來，讓它說個過癮。這個練習我稱為「傾倒小我」。垃圾一直放在家中有什麼好處？當然是丟到垃圾車最好。同樣地，內心堆積的負面情緒和想法，會慢慢腐蝕你的身心，最終釀成疾病。這是我個人的切身經驗，我長年的背痛就是這麼來的。

不用感到羞恥或難為情，更不要自我審查。有自我厭惡、不滿的想法，想打自己（或別人）一巴掌，就全部寫下來。當小我在批評你，說你搞砸了、罵你一無事處，那你就一五一十記下來，讓它暢所欲言。

別擔心，那些傷人的話都不是真的，只是累積已久的牢騷。如果不讓小我發洩一番，那些負面的火焰會越來越盛，讓你內心變成沸騰的火山。

傾倒小我完成後，就要進入下一個步驟。拿起那張紙，撕碎、燒毀它吧！然後徹底放下這一切。（因為有這儀式，所以傾倒小我最好要寫在紙上。）

潛意識分辨不出紙上文字和真實事件（或情緒）的差異。只要寫出來、撕掉它，意識系統就會試著清除那些煩人的念頭。這個步驟得做很多次才會成功，而你身心的負擔會越來越輕。不過，除非你的負面念頭太多、小我意識太強，否則就不需要做這個練習，但準備一台碎紙機倒是不錯。

傾倒小我也可以變成正向的儀式。你可以請出大天使麥可、大天使拉斐爾、大天使加百列、高我、指導靈及光之工作者，幫助你治癒某些創傷。寫完之後就把它撕碎。

負面想法消失後，還是可能會捲土重來。但你持續寫下去，就可以一步步推進其根源，讓身心變得更健康、更輕盈。所以，不要推開小我，儘管讓它發表意見，這樣負面能量才能排出。

千萬別這麼想：「不，吸引力法則會生效，我絕不可以有負面想法，不然它們會化為現實。」正好相反，你要好好面對的，就是自己的負面念頭。記得，許許多多的生命體都愛著你，無論你寫出什麼，他們都在你後面支持你。你的內心有一處美麗而神聖的空間，你可以在那裡療癒創傷，變得更強大。只要你發問，天使與指導靈就會透過良善的話語支持並帶領你前進，還會療癒、安慰你的傷痛。

感恩的心帶來豐碩的人生

完成自動書寫後，我不會關掉內心的靈性頻道，這樣遇到困難的時候，就可以馬上聽到有益的訊息。此外，每次書寫完成後，但我都會對高靈表示感激之情；情感越真摯，更多美好的事物就會到來。所以要時時刻刻感謝天使、內在智慧、指導靈、宇宙以及眾生。

初學者的入門指南

一、冥想五到十分鐘（數十冥想法或簡單坐著）。接著移動到書寫地點（或留在原地），聆聽 θ 波音樂。
二、開始禱告。拿起筆記本，感謝上帝以愛和光引導、圍繞、保護以及填滿你。
三、祈求。邀請諸神與自己的精神導師前來對話。
四、提出三個問題，依序向指導靈發問（每次大約五到十分鐘）：今天需要知道什麼訊息？我是誰？今天要全力以赴的目標是什麼？
五、結束時滿懷感恩的心。

第四章

練習自動書寫的最佳時間

Writing

接下來，我會用一整章的篇幅來說明練習自動書寫的最佳時間。我會提出有力的論點，讓你知道，起床第一件要做的事就是自動書寫。首先我會說明，為何剛起床時最容易接受到訊息。其次，我會接紹安眠的小撇步，讓你隔天起床後精神飽滿、容光煥發，並滿心期待自動書寫的時間。

讀完這一章後，你就會說服自己早一點點起床，並在早晨的例行事項中騰出一點點冥想的時間。

開始練習自動書寫前，我發現在所有的自我成長技巧中，早起是最有效的，但也是最讓人難受的。包括管理學大師史蒂芬·柯維（Stephen Covey）在內，無數的專家都提到，早起是人生成長的關鍵方法，但我總是在抗拒。直到我讀到了夏瑪（Robin Sharma）的著作《和尚賣了法拉利》後，才有所頓悟。於是我這隻夜貓子開始嘗試早起，接著一切都有所轉變。

清晨最適合進行自動書寫

為什麼早上最好？第一，透過自動書寫，我們就能做好準備，迎接美好的一天。

第二，我們接受靈性訊息的能力在一天中會有所變化。據說，太陽離地平線越低，你收到的智慧話語便越有意義，關鍵有二。

首先，太陽還沒升起時，世人都還在睡覺，而且隨著時節不同，大家起床的時間也會跟著改變。我們從量子物理學得知，人類是一體的，在巨大的能量場中彼此相連。這個能量場有人稱之為阿卡西場域，你也可以簡單地稱它為「愛」。這個能量場還在休息時，你最容易得到有深度的智慧之言。當它清醒後，你就很難接收到意義深遠的訊息。

搭飛機時，如果遇上日夜交錯的時刻，就能看到整個城市被路燈點亮的景色。夜晚的能量場也是這樣，每個人都是一個光點，寧靜地閃爍著。每個人的擔憂、恐懼和焦慮也在這時凝結，成為平靜的心靈能量。

清晨時，天色還昏暗，人們都還在睡，擔憂的心情也放下了。因此在當太陽遠低於地平線時，我們最容易接收到智慧之言。太陽升起後，人們的煩惱就跟著醒來了。其他人想得越多，你也就跟著焦慮起來。

潔西卡和我以前住在紐澤西州的郊區。在清晨時分，我能藉由自動書寫了解潔西卡的健康狀況。此外，我也得知自己的生涯任務，包括做節目、擔任人生教練等。

但是一到了早上七點，我的身心就會開始變遲鈍，很難專心進行自動書寫，常常只是寫下待辦清單而已。

為什麼會這樣？早上六點前，世界都還在沉睡。七點過後，許多車子開始從我們附近前面呼嘯而過，準備進入交通壅塞的紐約市。於是能量場開始清醒，通勤的人們活絡起來，有形和無形的噪音也變多了，我們就很難集中精神完成自動書寫。那時我很容易感受到世人的恐懼和焦慮，於是寫出一份長長的待辦清單。

沒有錯，我們的確能透過自動書寫得知本日的任務，但這不是最重要的訊息。然而太陽升起後，我們更容易接收到如「挑水砍柴」那樣的工作指令。某位高僧說過：「開悟前，砍柴挑水。開悟後，我還是繼續砍柴挑水。」換句話說，當你的意識轉為工作狀態，指導靈就會替你排好工作。

因此，想要得到有智慧的訊息，就要在神聖的時刻進行冥想，而那時世人都還在睡覺。我認為凌晨四點到早上六點是最寧靜的時刻，想要汲取最深層、最有意義的智慧之語，就要在這時進行冥想。

當然，有許多人工作得輪班或上夜班，那就在剛起床、半醒狀態時來進行書寫，最好是深夜，那時世人都在深睡。總之盡力而為，找個安靜的祕密基地，就會有成效。

我的學生琳達分享了她的做法：

我都在有自然光進入的地方練習書寫，最佳時間是早上六點十五分左右。我試過更早起床，但身體不聽使喚，無法進入冥想狀態。於是我會睡飽，在天色微亮、環境安寧的時候起床就好。

在今天早上，我在自動書寫時聽到有人叫我琳達。那是凱倫阿姨在叫我，因為我從小就喜歡聽老歌〈羅琳達〉（Linda Lou）。她總是愛這樣叫我，而我聽到時都會露出淺淺的微笑。她有顆年輕的心，很喜歡愛開玩笑，可惜二十多年前去世了。自從收到那個訊息後，每次在自動書寫時，我都會邀請她來跟我作伴。

睡前一小時要從事正向、放鬆的活動

我會詢問每個學員就寢時間。睡眠習慣好，自動書寫就更有成效。很多學員都會說，他們想多練習自動書寫，也很想早起冥想，但就是找不到時間。而我都會告訴他們，只要列出自己的每日行程表，一定能找得出時間。重新設定行事曆，改變作息，就能騰出許多時間。而第一步就是從睡眠開始。

上床前，可以固定進行一些放鬆的儀式。你在手機上設定通知，提醒自己放下手邊的事情，開始放鬆心情。第一個通知設在睡前一個小時，這時你可以做一些伸展或紓壓的活動，第二個通知設在睡前十五分鐘，這時你就可以躺在床上了。

放鬆儀式有很多。比如說在睡前一小時關掉所有3C產品，調暗室內燈光。也可以點蠟燭，聽點輕柔的音樂。這些舉動是為了讓身體、頭腦和靈魂記住，每天在這個時刻就要放鬆了。所以睡前最好做刺激性的活動，如看新聞或滑手機，最好連推理小說也不要看，不過令你乏味的書就很適合了。

無論如何，放鬆儀式一定要是正向的活動。在睡前提供給大腦的素材，潛意識都會吸收、消化。所以我總是苦口婆心地提醒學生，恐怖片、動作片和政論節目會破壞你的睡眠品質。大腦就像生產線，你放入什麼原料，就會製造出相應的產品。因此，睡前做正向的活動，接下來的六到八個小時內，大腦就可以得到產出正面的念頭。

睡前兩、三個小時不要進食，食物會刺激你的消化系統，為你的心靈添加柴火，讓你保持清醒。根據阿育吠陀的醫學原理，晚上十點前睡覺最好。

我的學生阿波說：「我會在睡前進行自動書寫，將今天疑惑與困擾都交給宇宙。這樣第二天早上我在書寫時就會得到答案。」

改變作息要循序漸進

醫學早已證明，睡前的活動對睡眠品質至關重要。在五千多年前，印度人就已將此事記載於阿育吠陀經典中。

人體就像熔爐，一整天下來會定時升溫、降溫。進食後，熔爐會升溫燃燒食物，然後降溫休息，接著又升溫消化，再降溫。晚上十點後，熔爐會升溫，以清除消化系統和大腦中的毒素和廢物，就像烤箱會自動進行熱解清潔。而這就是人體內建的淨化系統。

內在火焰就在晚上十點過後會重新燃起。在這之前上床睡覺，醒來時精力會更充沛。如果十點後還醒著，反而會更加清醒、興奮且飢餓。這段期間，飢餓素會不斷分泌，但令人感到飽足的瘦素會停止分泌。可想而知，十點過後你一定會想吃零食，還會從冰箱拿出剩菜，但怎麼吃都不會滿足。

有趣的是，這個原理不只適用於食物，也包括其他的刺激物。因此，若你在深夜上網追劇，一定會一集接著一集看，無論如何都停不下來。那麼在半夜工作呢？雖然它不會令人欲罷不能，但問題是，那時你的注意力會變差、生產力下降，再怎麼簡單的工作也做不好。

我自己算過，同樣一份工作，在晚上八點到十點執行的話，所需的時間是白天的兩倍。到了十點以後，所需時間便拉長到五倍，而且再怎麼自我激勵，也很難集中精神。

早睡對健康有益，身體、思緒和靈魂都會因此更有活力。就像其他動物一樣，人類的作息要和地球同步。人體有晝夜節律，所以身體系統的運作會配合日升日落。

但想培養起早睡的習慣，一定要循序漸進，不要一下子完全改變作息。像我這樣溫和、友善和寬容的人，比較喜歡慢慢微調，而不喜歡頓時轉變。為什麼？改變的步驟要微小、簡單而輕鬆，才會讓人想堅持下去，最終培養成習慣。要在短時間內推翻原有的想法跟做法，過程一定會很痛苦，最後產生反效果。

若要改變就寢時間時，最好每隔三天調整一次，而且每次提早五分鐘就好，同樣的方法也可以用在起床。

每個有經驗的修行者都會說，當你習慣早起第一件事就是冥想，所需的睡眠時間就會縮短。這是真的，所以不用擔心早起會睡不飽。冥想會讓身心平靜下來，神經系統的功能也會更加穩定。你白天不會心浮氣躁，工作便會更有效率。雖然睡眠時間變少，但精神卻更好了。換句話說，時時處於平靜、放鬆的狀態，就可以保存能量，讓人更有活力。

再強調一次，改變作息的祕訣是微調，假如你習慣八點起床，就先試著調整成七點五十五分。這樣才不會帶來挫折感。改變操之過急的話，你反而會擔心自己撐不下去，且沒多久便會真的放棄。其實你意志力很強，只是身心需要適應的時間，不能揠苗助長。況且除了早起，你還要練習自動書寫。因此，想要開啟新的生活模式，要有長遠的規劃才行。

睡前關掉3C產品

自動書寫要成功，關鍵就是跟家人的作息要協調。如果他們習慣熬夜，或是早上一定要跟你活動，那你就很難找到時間靜心。所以，跟家人商量一下，和你一起早睡，或至少調暗燈光，讓房間像山居小屋那樣，最好有昏暗的燈光和燭光。告訴家人，你正在練習自動書寫，請他們給你一點時間跟空間，睡前也不要聊太嚴肅的話題。擬定這些配套計劃，這不僅對你有好處，家人也可以藉此調整作息。

不過，如果你的生活樂趣就是和伴侶在半夜一起看犯罪節目和驚悚片呢？我只能說，這樣的活動無助於大腦重新設定迴路，最好還是關掉３Ｃ設備，和伴侶躺在床上談談心或是幫彼此按摩。這些活動有很多樂趣，也可以增進感情，讓你更快能放鬆入眠。

因此，睡前請關掉３Ｃ設備，將燈光調暗，遠離臉書、通訊軟體和食物櫃裡的零食。不妨放鬆一下，去泡個薰衣草浴或愛普生鹽浴，讓夜晚時光變得寧靜而聖潔。

要是早起有困難，不妨透過自動書寫向指導靈尋求解答，向智慧的源泉尋求幫助。比方說，怎麼做才能早點上床睡覺？睡前要做哪些準備？為什麼我每天都那麼忙，連好好放鬆靜坐的時間都沒有？

接著聽聽指導靈給你的訊息。我能早睡早起，都要歸功於祂。事實上，祂總是希望我早起，這樣才有時間教我許多事。

西藏僧人的睡前儀式

現代人生活壓力山大，每天被情緒淹沒，老是感到一事無成，所以心煩意亂、悶悶不樂。因此，許多人會仿效美國開國元勛富蘭克林的方法，也就是在睡前反省今天的作為，並擬好明天的待辦清單。這麼做有很多好處，但危險之處在於，小我會趁機出來打擊你，指出你今天的缺失並羅列失敗的原因。但這一點意義也沒有，歷史上從來沒有人可以完成每日的待辦清單。為什麼？因為你隨時都會添加新事項。因此，所謂的「吾日三省吾身」，只會破壞你的自信心，讓你覺得更加空虛。

因此，不妨學學西藏僧人所使用的「倒帶」回顧法：先從回想睡覺前一刻正在做的事（如刷牙），再慢慢回推到下班、午餐直到早上起床的那一刻。這樣一來，你就可以感受到自己跟這些事件的「距離」。每一個事件的時間感，取決於你如何看待它們，以及在過程中你繞了多少路。

搭飛機是個好例子。從紐約到洛杉磯要六個小時；而到倫敦只多一個小時，但因為飛行的距離比較長，再加上是出國，你會感覺已經離開紐約一兩天了。因此，比起搭飛機、坐火車，我和潔西卡去更喜歡開露營車去旅行，在路上所經歷到的一切，有時能帶來一些啟發，也具有療癒的作用。

因此，用倒帶的方式來回顧今天，就可以為每個事件加上距離感。

舉例來說，晚上十點你要睡覺了，但心裡還有一堆煩惱：老闆交辦的工作、女兒去學校的遭遇、父親看診的結果。這時你可以開始用倒帶回顧法：「晚上九點鐘：我在洗澡；八點鐘：我在看新聞，覺得政府很可惡。七點鐘，女兒在餐桌上哭訴被同學欺負；六點鐘，我開始做飯……」以此類推，一小時接一小時，回溯你的一天。

列完這十幾個小時的活動，就等於把那些擔憂、焦慮加上距離，對你而言，早上發生的事情已經很遙遠，不需要再執著了，睡覺才是當前的任務。如果你還是放不下，那就試著禱告、冥想，讓心安定下來。

與太陽同步

有些人生活在寒冷的地區，天色昏暗、環境又潮濕，在外面走一走，就可能會凍成一根冰棒。我會推薦他們使用ＳＡＤ光療燈（ＳＡＤ為季節性情緒失調〔Seasonal Affective Disorder〕的簡寫）。在這種燈具旁坐一段時間，身心便能得到一定程度的療癒。

若是學員有注意力不足或睡眠障礙，我會派給他們一項作業，你也可以試試看，就是在每天日出或日落時去散步，至少走個五分鐘也好。這有助於讓生理時鐘與大自然的活動週期同步。

我在夏天的工作比較繁忙，日出時會在外頭靜坐一下，到了日落時才去散步。有時早上會有花栗鼠和松鼠來陪我，非常愜意。與太陽的作息同步後，對身心有很大的改變。我白天感到很放鬆，晚上也睡得更好，起床後就更有精神。

我還有一個獨門的方法，但我不建議你照著做。我們住在山上，而太陽升起要一段時間，所以我每天都會趁天還沒亮時，在外頭坐著等。在太陽升起的這三十秒內，視神經會活絡起來，而褪黑激素分泌會減少。欣賞日出和日落，可以療癒身心。科學也證實，陽光裡的紅光對健康有益。

在第二次瀕死經驗之後，我就開始練習欣賞日出和日落，這還有助於補充維生素D。如果你覺得這個話題很有趣，可以參考英國醫藥記者琳達・傑德斯（Linda Geddes）著作《追逐太陽》（*Chasing the Sun*）。

到了冬天，日照變少，我就會改用SAD光療燈來進行日升日落的冥想。

接下來我會解釋光療燈的效用，但我不是物理學家，只能以所知的常識來說明。光療燈會發出明亮的白光，它包含了全光譜，也就是陽光裡的所有色光。檯燈或落地燈的亮度為五千到一萬勒克斯（lux），而光療燈是以一萬勒克斯以上。還住在美國東岸時，我會在光療燈旁吃早餐，讓它照個十幾分鐘。

這盞燈就像太陽一樣，可以刺激視神經的敏感度，並調節褪黑激素的分泌，讓你活力滿點。但是，它無法使身體產生維生素D，所以你還是得找時間曬太陽或服用D3補充劑。光療燈的主要功用是調節跟陽光有關的荷爾蒙。

不過我還是建議，有睡眠障礙的問題，請先向醫生求助。以我自己的經驗來看，每天使用光療燈兩次，每次不超過二十分鐘，就能改善睡眠品質。第一次照射的時間在日出前後，如果你住在嚴寒地帶，就要在日出前開啟。第二次照射的時間在下午三點左右，這時你的精力正在減弱，沒有力氣完成接下來的工作。而那道光能提升你的能量，幫助你前進。

最後我再補充一點，練習自動書寫的時間沒有一定。生活不可能按表操課，冥想也是，沒有哪種方法最好。如果你是夜貓子，就好好在深夜與高靈對談。這時家人都在沉睡，可以享受自己的寧靜空間。能量場一穩定下來，你就能接受到智慧之語。

在三十年的教練生涯中，我學會觀察學員的睡眠品質。許多注意力不足的學生和成年人，其生活的困境都源於缺乏良好的睡眠。等他們改善作息後，白天工作就會更加專注，也更不會被情緒綁架，不再陷入焦慮與憂慮的心情中。

第五章

透過自動書寫，
我從黑暗之谷走回
光明的道路

Writing

我和潔西卡會開始做《靈感國度》這個節目，是透過自動書寫而得來的啟示。我們從中預見將來的生活模式，並知道如何改善身體健康、重新架構自己的思維。否則在那之前，我們的日子一片死寂，靈魂彷彿被困在黑牢中。

當時，我差一點死在加州太浩湖旁一處偏僻而濕冷的河床上。救援直升機到達時，醫療人員下來一看，發現我沒有血壓了……

事件的緣由是這樣的。我和潔西卡共同完成著作《赤腳跑步》（*Barefoot Running*）後，就接連到美國四十三個州進行宣傳。到了二〇一一年，我們搬到夏威夷州的茂宜島，還出國到東南亞講授課，並完成我們的第二本著作《赤腳行走》（*Barefoot Walking*）。對我來說，寫這本書就像經歷了一趟靈性之旅。

於是我們又為了第二本書踏上宣傳的旅程。但一路上露營車不斷出狀況，我們努力想完成工作，但有感覺到諸事不順。當時出版社給的資源很有限，而我們也找不到其他人來奧援。就在心灰意冷之際，我們決定要歸還露營車，然後回到茂宜島。

這趟宣傳之旅徹底失敗了，兩人都筋疲力盡。回程我們在太浩湖住了一晚，第二天早上就要出發歸還露營車，只要再開四個小時的車就好了。路程開到一半，我們看到金字塔溪步道（Pyramid Creek Trail），發現由此可到達馬尾瀑布（Horsetail Falls），於是決定要下來健行，欣賞優美的內華達山脈，淨空一下腦袋。

步道的盡頭有一處花崗岩冷水坑，其水源來自山壁雪簷上的融冰。太迷人了，因為我很愛泡冷水。我潛入水坑後，發現底下還有個小洞穴。在這個冰冷、原始的水面下，我享受到片刻的幸福與寂靜。不久後，我臉色發青，於是離開水坑、穿好衣服並把身子弄暖，準備走回去開車了。

我穿上了登山鞋，心情很激動，於是我抱著潔西卡，說我準備好可以生養小孩了。這是我們人生的一大轉捩點。於是我們準備走回步道口。

潔西卡涉水穿過狹窄的溪流，我跟在她後面，然後意外就發生了。我準備踩上一塊濕滑的岩石，卻不小心滑了一跤，屁股直接摔在一塊金字塔形的岩石上。感覺就像砲彈爆炸，炸開了我的股骨。我大叫：「不！又來了！」

「又來了！」時間回到二〇〇六年，我在直排輪場發生了意外。當時有父親在教小孩溜直排輪，無意間走進場地的內圈。就在我要迎面撞上他們之際，我設法往後跳讓自己摔倒……

那一年我得到直排輪大廠羅勒布雷德（Rollerblade）的贊助。為了提醒大家關注學習障礙的問題，我正在接受訓練，準備進行為期四十天的直排輪馬拉松，地點橫跨全國，總距離為六千四百公里。在那之前，為了替注意力缺失症正的關懷機構募款，我也曾獨自在各大山區騎自行車。

而那天在直排輪場，我怕撞到那對父子，不得不讓自己摔出跑道。接著我躺一旁的小徑，全身動彈不得，臀部、大腿和手臂的骨頭都斷了。（幸好那對父子安然無恙。）我躺在醫院好一陣子，身體左側被換上全新的鈦金屬股骨和髖關節，但卻變成長短腳，左腿多了二點五公分。我花了好幾年復健，才恢復運動能力。

在那之後，過了七年一個月又十七天，我再次癱倒在路邊，這次是躺在冰冷的河床上，右股骨的碎片刺痛皮膚，體內大出血，命在旦夕。

這是我第二次面臨生死交關，但心結也被打開，即將蛻變為心靈勇士。在那個片刻，我體驗到了無比的愛、喜悅、幸福與滿足。我不禁喊了一聲：「哇呼！」之後那就變成我的口頭禪。

急救人員還以為我腦部受傷很嚴重，才會神志不清地大喊：「哇呼！」他們不停地確認：「你撞到頭了嗎？」當然沒有，我的運動安全帽完好無損。在這次瀕死經驗前，我從未感受過如此圓滿的愛和喜悅，彷彿天人合一那樣，突然對世界有全新的了解。接下來，我的人生會走上完全不同的路，好像中樂透一樣神奇。

但那個疼痛和痙攣非常劇烈，我人生從來沒有那麼痛苦過。而傷口主要在右側臀部。受傷的那個瞬間，我呼吸停止了幾秒鐘。我可以選擇放手而奔向極樂世界。但我也可以奮力一搏，只要咬牙挺過那劇烈的痛楚，並再次體驗折磨人的復健過程，就能重回正軌。

我才剛告訴潔西卡要生養下一代，怎麼可能放手。所以在接下來的一個小時裡，我提醒自己要呼吸，要撐下去等急救人員來。他們到達這偏遠的地點後，先進行簡單的急救，然後將我抬進救護直升機，載到太浩湖附近的巴頓紀念醫院。那裡有位骨科權威，他原本去滑雪度假，緊急被召回醫院，準備為我進行精密而複雜的手術。

手術後的第二天，醫師助理到病房探視。他在我的網站上看到手術後的X光片，問我怎麼有時間和精力上網貼文。我聽得一頭霧水。原來，這次的傷勢和上次滑直排輪摔倒一模一樣，所以他看到的是當年的貼文。

現在我兩側都裝了同樣的鈦股骨、鈦髖關節，就連裡面的金屬線環都一樣。而且，我現在兩腿一樣長了！

為我開刀的醫生說：「發生這種事故的機率是百萬分之一，那接連發生兩次的機率呢？無限分之一。」我了解到這就是天命，神明正在清楚表明：「每件事都有它出現的意義。經歷了如此戲劇化的事件後，你餘生的每一步都會走得踏實，因為冥冥中自有安排。」

我在加州走完了另一條漫長的康復之路，才最終回到茂宜島的家中。

也許我早該知道這會發生。

兩歲的時候，我的頭上已經縫過三次針。我的家人都很活潑好動，而我更是像一陣狂亂的暴風。我五歲時被診斷出過動症（今日被稱為注意力缺失症〔ＡＤＨＤ〕）。我停用「利他能」後，改用另一種更有效的藥物：腳踏車。我每天都在街上繞來繞去。十歲時，我騎著我的Huffy名牌自行車，與保姆的妹妹在街頭飆車。我們並駕齊驅，一路往前衝。接著她壓到了一塊石頭，在重心不穩下撞到我的前輪。於是我摔飛出去，摔斷了股骨、膝蓋骨和脛骨，腳到臀部打了一大塊石膏。

跟我後來的遭遇相比，那次事故還算輕微的，也可是我人生中最幸運的事。接下來兩年中我動了六次手術，許多日子都得坐輪椅和拄拐杖，因此我變得更溫和、善良以及有同理心。

最重要的是，我了解到，每件事情的真假對錯，不能光靠別人的意見。我們對自己的身體與生活，要負起最大的責任，任何人都幫不了你。

那次自行車意外後，醫生說：「你還能走路已經很幸運了。等到十八歲，你會患上嚴重的關節炎，此後活動力逐漸衰退。」

但我後來成為一名職業自行車選手。

十八歲的時候，我選擇進入位於科羅拉多春泉市（Colorado Springs）的科羅拉多學院（Colorado College）。我想去參加歐洲的自行車大賽，而科羅拉多有最頂級的奧林匹克訓練中心。我在那裡接受自行車、競速滑冰的訓練，還獲選參加全美大學自行車錦標賽。

我在歐洲到處參賽，每半年就會回科羅拉多泉念書及接受訓練。我還擔任過落磯山大學自行車大會（Rocky Mountain Collegiate Cycling Conference）的主席。

有次我從歐洲回來後，在自行車道上被一台摩托車正面撞上。那位騎士設法從我身上抬起他那台七百CC的重型機車，我還記得他念念有詞：「我把他撞死了，怎麼辦……」結果我小命保住了，但意外從來沒有停過。

另一次，我受邀參加一場特別的公路賽，路程會繞過阿爾卑斯群山。我加入了一個法國車隊，並從度假聖地安錫（Annecy）出發，途經歐特維爾鎮（Hauteville）時，意外再度降臨。

那時我正通過一個盲區上坡彎道，民眾都在為我這個美國人歡呼。交管人員指示我轉彎向上，不料一輛車迎面而來。原來是有位老婦人開著她的PEUGEOT轎車，從小巷開了出來，直接上了賽道。就在撞擊前一刻，我把身體轉向側面，設法減低傷害。

接著我飛到半空，著地的時候我心想：「應該沒事吧！」然後我低下頭，看到左腿往外彎了九十度。史蒂芬．金的小說《戰慄遊戲》也有類似的場面，主角的腿被壞人拿大錘擊中，因而歪到一邊。

在那一瞬間，我的心情從天堂掉到地獄，心想著：「我再也不能比賽了。我的人生毀了。去死吧！上帝根本不存在！」我痛到用拼命手指刮人行道，只差沒用嘴巴去咬。（之後我花了數週的時間，才清掉卡在指縫裡的瀝青。）我被送到醫院後，醫護人員先以低溫冰敷我的腿，接著在沒有麻醉的狀態下，把我的腿扳回原位。接下來的十六個小時我痛得哭天搶地，撐過這個觀察期後，醫生才給我止痛藥。幸好我當時身上沒有槍，不然我一定立刻結束自己的生命。

許多專家都說過，身體會記住心靈的傷，也會反映出內在的狀況。但這麼多年來，我從來不知道要如何化解內心的傷痛。當時醫生在我小腿植入一根鈦棒，以暫時固定骨頭的位置。但創傷後壓力症候群卻是永久的。在接下來七年，心理創傷造成身體許多狀況，令我備受折磨。

以前我有個女友六年半的女友，她是美國原住民納瓦荷人（Navajo）。因此我有幸參加美國原住民教會的淨化儀式。我們待在一個類似蒙古包的汗舍（sweat lodge）裡，有人在打鼓，其他人赤腳踩著大地打節拍，從日落到日出，儀式進行了一整夜，還有巫醫幫大家治病。

那是我第一次感受到，這世上有更偉大的精神存在，而我在這世上並不孤單。那個儀式是我人生的轉捩點。到了二〇〇四年，我已經先後取得工商管理和電腦科學兩個碩士學位。我也做了十五年的老師，先是擔任田徑教練，然後成為人生教練。

我冥想了十多年，知道如何讓思緒平穩下來。許多人都說過動症一輩子也治不好，但看我就知道事實不是如此。過動也是一種天賦，能帶來創意，只要懂得適時關掉它就好。

在冥想中，雖然氣氛沉靜，卻不會讓人感到孤單，而指導靈的聲音也慢慢開始出現。

從直排輪場上的那次意外復原後，我想再開始跑步，但每跑一下肌肉就會拉傷或發炎。我在冥想中聽到：「你什麼跑法都試過了，為何不試試赤腳跑步？」我心想：「這行得通嗎？我是扁平足，還患有足底筋膜炎呢！」我半信半疑地開始嘗試，結果我的雙腳越來越強壯，居然可以開始長跑了。而且我發現，每次赤腳接觸大地，思緒就會安靜下來。

我跟宇宙產生連結後，潔西卡出現了。我在一處禪修中心遇見了她。在那之前，我在冥想中聽到指導靈告訴我，該走出自己的牢籠、融入某個群體中，在那裡我會遇到真命天女。毫不誇張，一個月後潔西卡就出現了。幾個月後，潔西卡成立了一個赤腳跑步社團，還指定我要擔任教練。我還一頭霧水就接下了這工作。社團原本只有十個人，最後增加到一百多人。然後她又說：「你要寫一本書。」那就是暢銷書《赤腳跑步》。

於是我的長跑人生一直持續下去。每當我赤腳奔跑時，就會感到與大地相連，心靈變得很平靜。而那睿智又祥和的內在智慧之聲也越來越常跟我交談，而赤腳跑步就是連接我們的橋樑。

自動書寫的啟蒙導師

經過兩次瀕死經驗，裝了兩側的鈦髖關節後，我們回到茂宜島的家，但生活卻找不到方向。我每一天都冥想、潛心靜默兩三個小時，還在冥想中心擔任導師。我找不到生活的方向，也還在努力療傷。

有人介紹我去看一位神奇的治療師葉理查（音譯）。他有一些新奇的儀器。他幫我接上某種跨接線，並請我做呼吸練習，接著遠端的機器測出我的生理年齡是四十歲，但因為我身體虛弱，所以健康狀態更像是八十歲的老人。他的搭檔蔡珊（音譯）則開了一門課，教學生讀取阿卡西記錄、聆聽阿卡西導師的訊息。而這位導師無所不知，就像宇宙的圖書館員一樣。

機會難得，所以我和潔西卡都報名了。

在這門課當中，我們學會和阿卡西導師通信，因此接受到意義深遠的智慧之言，就像透過自動書寫得到的訊息一樣。不過，我們必須在學員面前大聲朗讀自己接收的訊息。而這個步驟有許多缺點。

透過自動書寫，每個人可以發現自己有多偉大、多有能力，但小我不會接受這一點。當時阿卡西導師說，我將改變世界，像大師一樣站在山頂，向底下數百萬人講話。但在課堂上，我認為這是小我在幻想，是假的，只是想在同學前炫耀自己的雄心壯志。

現在才想起來，才知道那是第一次接收到指導靈的訊息。但當時我不知道那些話會有多麼有力，也不知道祂在督促我前進。我不知道那個訊息的意義，也懷疑它的真實性，所以後來就沒去多想。幾年後我去拜訪蔡珊，她用催眠的方式帶我回溯前世今生；蔡珊是催眠大師坎農（Dolores Cannon）的學生。過程中，我聽到更多可笑的豪言壯語，覺得這些訊息是騙人的。

過了一年多，我才再次嘗試自動書寫，但對那些訊息半信半疑。「跟龐大的人群講話」，小我一定認為，這種宏偉的場景只是幻想。有天我和潔西卡在茂宜島的海灘上散步，我說這訊息背後一定有什麼意義。

另一方面，當時我們生活困境。我還在復健身體，也沒有工作。為了推廣正念跑步，我們想拍攝並販售教學影片。但我們遇到財務危機，潔西卡的健康也出了問題。

後來我們才發現，這兩大困境是上天賜予的大禮，讓我重拾自動書寫。由此可見，絕望是推動改變的靈丹妙藥。

我需要找到方法來跟高靈溝通，弄清楚世界與環境的變化。所以我開始練習自動書寫，想知道，為什麼我們會陷入困境以及如何擺脫這一團混亂。蔡珊教給我們的東西，我已經有足夠的勇氣去接收，並應用在我的狀況。我發現一種直觀的方法，也就是光憑著感受，就能找出正確的答案。這就是自動書寫的雛型。

我們最終破產了，只好離開茂宜島，搬回紐澤西州，與潔西卡的家人住在一起。除了小貓之外，我們什麼都沒帶走。我們搬進了她童年時期的臥室，地板上放著兩張單人床墊。這不是一個理想的生活環境，但好事就隨即開始接連上門，差點令我們招架不住。

當時我們來不及和在茂宜島的一切說再見，只是急著把物品都收進儲藏室，將房子打理好準備出售。過程中我們找到一塊兩公分厚的地毯碎片，它長滿了黴菌，這就是潔西卡生病的罪魁禍首。找到它之後，就知道如何治好潔西卡，而指導靈也幫了我們一把。

在紐澤西州，自動書寫成了我的維他命，我不但構思出了《靈感國度》，夫妻倆的健康和財務狀況皆恢復了，搬出了潔西卡童年的臥室。我們在落磯山脈的科羅拉多州找到了避風港。小我以前總說，「在山上向數百萬人講話」是個幻想。結果證明阿卡西導師是對的。我們的工作室真的在山上，可以俯瞰下面的山谷和城鎮，而且我可以透過網路跟數百萬人講話。而這一切都在我的預料之外。

第六章

自動書寫簡史

Writing

我不是歷史學家，但我的靈修理論與做法，的確傳承自古老的文明與大師。數千年來，無數大師磨練出高深的修行方法，自動書寫沒那麼難，但也存在許久。

因此，自動書寫不是什麼新奇的招數。我很想邀個功，自詡為先知，但事實不是如此。我在上一章解釋過，我只是根據自己的經驗修改了這個方法，以療癒自己的身心。

以下是我所知的相關歷史。自從人類發明文字以來，就有某些自動書寫的方法。包括《聖經》在內的各種宗教文獻、心理學方法以及當代的心靈類書籍中，都有找到自動書寫的蹤跡，例如通靈書寫（channeled writing）、直覺書寫（intuitive writing）、心靈記錄（psychography）、自動創作（automatism）、超現實書寫（surrealist writing）、窺視（scrying）以及靈魂書寫（spirit writing）。

自動書寫有數千年的歷史，荷馬史詩《伊里亞德》、希伯來聖經、古蘭經都有提到。簡單來說，凡是抄錄上帝所言之經文，都跟自動書寫有關。在其他宗教的文獻中也有，比如中國的扶鸞與降乩。

以前的自動書寫法也很簡單，修行人拿筆放在紙上（甚至拿樹枝寫在沙子上），訊息就湧出了。古代的西方人拿羽毛筆，還有人把神意鑿在石頭上。

根據「百科全書網」（Encyclopedia.com）的解釋：「《舊約聖經》中有些內容是透過自動書寫而來。例如《歷代志下》二十一章第十二節：『以利亞先知有信送給約蘭……』」

到了近現代，也有無數的專家研究過自動書寫，並撰寫相關著作，十八世紀的瑞典科學家史威登堡就是其中之一。他曾如此描述自己的寫作過程：「不知不覺就寫了好幾頁，布滿了密密麻麻的字，有些像手寫的，另一些比較像印刷體。」

在十九世紀中葉，招魂術（spiritualism）開始流行起來，到了二十世紀初，還是有很多人在投入研究。他們相信逝去的靈魂可以與生者互動。英國在一九五〇年代廢除《獵巫法》（Witchcraft Act 1735）後，招魂術大舉復興。近年來，隨著「新時代運動」的開啟，自動書寫也重新流行起來。

這兩百年來，人們嘗試各種方法，想要更快地接收到靈界的訊息，包括使用乩板（planchette）來召喚靈體。乩板附有一支鉛筆或鋼筆，在招魂過程中，參加者要停止思考，才能和高靈建立連結。後來靈學家發現，直接寫在紙上也有用，所以乩板就可有可無了。由此可知，自動書寫和乩板的原理是很類似的。

一九三〇年，心理學家穆爾（Anita M. Muhl）出版《自動書寫：進入無意識的方法》（*Automatic Writing: An Approach to the Unconscious*）。她發現，自動書寫能幫助我們了解潛意識，是一項強大的心理工具。在十九世紀中期，這個方法非常盛行，她也非常努力在推廣。近一百年後，在各種因緣際會下，我繼續完成她的志業。

與往生者聯繫

有趣的是，早在儒家、道家興起前，中國人就已經在使用類似乩板的器具，它稱作「鸞筆」（今日道教的信徒也還在使用）。道教的通靈法稱為扶乩，負責通靈的鸞生拿著木製的書寫器具，在沙子上潦草地寫出文字。

招魂術最盛行的那段時間，有許多作家相信自己成功地和靈體溝通。在密蘇里州的聖路易市，有位家庭主婦柯蘭（Pearl Curran）與名叫「沃斯」的靈魂開始交流後，總共寫了超過四十萬字，當中包含首詩、小說、劇作和散文。根據柯蘭的描述，沃斯在一六九四年生於英格蘭多塞特郡，但移居到北美後被原住民殺害了。

令人感到驚奇，專家閱讀了柯蘭的作品後，發現內容非常符合十七世紀的文風，這是柯蘭仿造不出來的。在播客節目《美國怪談》（*American Hauntings*）中，有一集名為〈沃斯之謎〉（The Mystery of Patience Worth）。與談人說到，雖然找不到證據顯示沃斯真有其人，但專家們也懷疑，柯蘭是否有辦法自己寫出那些復古的內容。因為她的教育程度不高，不可能知道那個時代的寫作風格與用字遣詞，也不了解當時的歷史。靈學專家推測，柯蘭的著作是出自於本質跟她相似的靈體。

荷琳．史密斯（Hélène Smith）出生於一八六一年，是瑞士有名的靈媒，其本名為凱瑟琳．埃莉斯．穆勒（Catherine Elise Muller）。超現實主義者稱她為「自動書寫的繆斯」。文獻記載：「她聲稱前世是印度公主與法國的瑪麗皇后，還使用阿拉伯文以及（她聲稱的）火星文進行自動書寫，再將其翻譯成法文。」

札維耶（Francisco Chico Xavier）出生於一九一〇年，是巴西的靈媒。據說他用自動書寫創作了數十本著作。他從小學開始自動書寫，還聲稱他贏得靈界的作文比賽。他教育程度不高，卻能不斷寫出作品，其內容的知識水平和文學素養超出了他的出身背景。

還有一位使用自動書寫的靈學家是摩西（William Stainton Moses），他與其他專家共同創立心靈研究協會（Society for Psychical Research）。他受過高等教育，在擔任牧師時去調查降神會，結果反被自動書寫所吸引。他的兩本著作《靈魂教義》（*Spirit*

Teachings）和《靈性身分》（*Spirit Identity*）非常受歡迎，而且都是經由自動書寫完成的。

雖然你不一定能透過指導靈變成文學大師或神明代言人。不過，多多認識歷史上的靈學家與其著作，就能更了解自動書寫及其演變過程。

自動書寫在治療與藝術領域的應用

自動書寫作為一種心靈療法，也有將近一百五十年的歷史了。它能有效幫助我們放下理性思考，並得以探索並連結自己的潛意識。

以佛洛伊德為主的精神分析學派就很常使用。而他的學生榮格自立門戶後，也用自動書寫撰寫了《向死者七次布道》（*Seven Sermons to the Dead*）。

美國的心理學大師威廉・詹姆斯也研究過自動書寫。在那個時代，科學家對招魂術並不排斥，而詹姆斯還曾研究過超心理學（parapsychology），對於靈性的議題很著迷。

在論文〈略觀自動寫作〉（Notes on Automatic Writing）中，詹姆斯想要探討，人在自動書寫狀態時是否清楚意識到疼痛和壓力，也就是他所謂的「麻醉效應」。他寫道：「我設計了一項簡略的測試法，來看自動書寫者有沒有出現麻醉效應。在三位受試者中，有兩個人在書寫時感受不到刺、捏以及摸的感覺。」

共和黨眾議員西德尼．迪恩（Sidney Dean）曾經擔任過牧師。他寫信給人在哈佛大學教書的詹姆斯，說他能以兩種不同的意識寫作，還會夾雜一些神祕符號和外國語言。

狄恩寫道：「那些文字是我親手寫的，但內容不是來自於我的思想或意志，而是另一個人的口述。我平常沒有涉獵那些題材，不知為何為寫下它們。書寫時，雖然我有意識地在抗拒那些想法、陳述以及用詞，手卻不聽使喚，不斷記錄那些銘刻在我腦中的話。如果我刻意不寫下某個句子或用詞，腦中的聲音就會立即消失。當我放下執著時，那個聲音又會回來，且會從中斷的地方繼續。我沒有設下任何主題、前提或結論，句子就會自己跑出來。」

從歷史上來看，心理學和藝術領域受自動書寫的影響顯而易見。超現實主義萌發於一九二〇年代，這些藝術家要對抗數百年來的「理性主義」傳統，也就是說，人們不該盲目地遵從理性原則，而應該多傾聽直覺或內心的聲音。

法國作家布勒東（Andre Breton）被稱為「超現實主義之父」，他本身就是自動書寫的實踐者。他於一九二四年出版了《超現實主義宣言》（*The Surrealist Manifesto*），當中有這樣一段話：「超現實主義是一種方法，能將有意識和無意識的經驗領域重新結合在一起。這麼一來，夢境和幻想會融入日常的理性世界，成為『絕對的現實』，也就是超現實。」

根據布勒東等人的說法，潛意識和想像力才是創意的泉源，而自動書寫是開啟這扇門的工具。他和作家蘇波（Philippe Soupault）用自動書寫合作完成了第一部超現實主義小說：《磁場》（*Les Champs Magnétiques*）。而許許多多的作家都嘗試過用這種方法創作。

還有藝術家嘗試「自動繪畫」，而這個領域之廣泛，要再用一本書的篇幅才能寫完。西班牙畫家達利就常在受催眠的狀態下作畫。

除了超現實主義，許多詩人及作家也用自動書寫來創作。文學巨擘布萊克（William Blake）就承認，他運用了一些類似的技巧來寫詩。而許多詩人都不是靠靈感來創作。眾所周知，愛爾蘭詩人葉慈的妻子海德—李斯（Georgiana Hyde-Lees）曾練習過自動書寫。

十九世紀著名的靈媒哈里斯（Thomas Lake Harris）也以自動書寫創作了大量的詩

歌。此外，德國詩人歌德、法國作家雨果以及和劇作家薩爾杜（Victorien Sardou）都用過這個技巧

摩西牧師在《靈性身分》中所描述的體驗最令人嘖嘖稱奇：「我的右前臂中間被抓住，接著上下揮動、猛撞桌面，發出類似工人敲打水泥塊的聲音。這是我見過最劇烈的『無意識肌肉動作』。我試圖阻止它晃動，但沒有用。我清楚地感受到，手臂被溫柔而牢牢地握住。我有清楚的感覺和意志，卻無法反抗。我的手臂撞到瘀傷，好幾天都動不了。」

這段描述很不可思議。但我和學員都不曾有這種被迫書寫的經驗，更不可能受傷。

自動書寫的用途後來轉變了。許多十九世紀的作家都用它來與往生者交流，但到了二十世紀的新時代運動，修行者更熱衷於與高靈交流，而且方法五花八門。許多作家認為，自己只是記錄了高靈的話語，所以談不上是自動書寫。

這些人包括傳授《奇蹟課程》的海倫．舒曼（Helen Schucman）、撰寫《賽斯資料》的珍．羅伯茲（Jane Roberts）以及《與神對話》的作者尼爾．唐納．沃許（Neale Donald Walsch）。沃許跟我說，他在寫作時，有清楚聽到一個聲音在講話，他只是負

責記錄，所以不是自動書寫。不過，像我一整天都能聽到指導靈的聲音，所以我隨時都在自動書寫。這兩者的差別留給你來判斷。

音樂創作人和搖滾樂團也熱愛自動書寫

古老的宗教經文，如《聖經》和《古蘭經》，應該都有用自動書寫完成的內容。一八八二年，美國牙醫紐布羅（John Ballou Newbrough）撰寫了《Oahspe：新聖經》（*Oahspe: A New Bible*）。這是用自動書寫完成的，紐布羅聲稱：「奉耶和華之名，由天使與天軍編纂，以向世人傳播真理。」

英國小說家狄更斯還來不及完成最後一本小說《艾德溫・德魯德之謎》（*The Mystery of Edwin Drood*）便於一八七〇年去世，但他的靈魂找上了湯瑪斯・鮑爾・詹姆斯（Thomas Power James）來幫忙。詹姆斯是佛蒙特州的出版商。他聲稱，自己在自動書寫中發現狄更斯的訊息，而後者請他幫忙寫完其餘的部分，並於一八七三年以《艾德溫・德魯德之謎第二部》為題出版。

福爾摩斯的創作者柯南・道爾爵士，也非常熱衷於招魂和自動書寫，還把這些經驗寫在《新啟示錄》（*The New Revelation*）中。有趣的是，有一次他的妻子邀請魔術師胡迪尼參加降神會，她用自動書寫完成了十五頁稿子，全都是胡迪尼過世的母親所留下的。

我有許多學員運用自動書寫來創作詩文和歌詞，我會在第八章分享一些作品。可想而知，專業的藝術創作者也會用這種方法。美國歌手大衛．拜恩（David Byrne）在接受《GQ》雜誌訪問時有談到這件事。說來奇妙，他受到詩人威廉．布萊克所啟發而創作了《烏托邦》專輯，而布萊克也非常熱愛自動書寫者。

愛爾蘭歌手范．莫里森也承認用自動書寫來創作。他接受《紐約客》雜誌專訪時提到，其專輯《繁星歲月》（Astral Weeks）就是這麼創作出來的。最有趣的是，搖滾樂團「運動失調症」（Ataxia）的第一張專輯就名為《自動書寫》，第二張專輯名為《AW2》。

自動書寫存在這麼久，心理學家、宗教家、音樂家、藝術家和作家都在使用，但一般大眾卻不太熟悉它。

由於人生種種意外，我得以跟上這些巨人的腳步，而我也決定站在他們的肩膀上，將這種古老的技巧傳授給每個人，讓大家去找出自己的智慧泉源並得到指引。

當每個人都與偉大的生命體有連結，世界就會變得更美好。

第七章

從科學的角度看自動書寫

Writing

在自動書寫的過程中，大腦的運作會發生變化。我不是神經科學家，但非常喜歡鑽研這門學問，也邀請過許多頂尖的腦科學家來上節目。在他們的解說下，我們就更了解自動書寫所引起的腦部變化。

「單光子電腦斷層掃描儀」是世上最先進的科學儀器，也就是俗稱的CT。若我們能透過它來觀察自動書寫者的大腦，就知道當中產生什麼變化，比方說哪些腦部區域比較活躍等。此外，我們也能追蹤書寫者大腦的長期變化。

這個領域需要更多人投入研究，而紐伯格醫師正是開路先鋒，設法找出靈性活動與大腦的關係。他研究了十位自動書寫者的生理狀態，並在二〇一二年發表報告。這些人都是巴西當地的靈媒，有五人是自動書寫高手，其他人功力比較差。研究結果有趣極了，也通過科學界的同儕審查。而熱愛科學的阿宅讀者可以直接上網詳讀這篇論文（www.ncbi.nlm.nih.gov/pmc/articles/PMC3500298/）。

透過CT，我們發現驚奇的現象。紐伯格醫師說：「這些高手在進行自動書寫時，腦部許多區域的活躍度都下降了，包括跟語言功能有關的區域，例如顳葉和額葉。」額葉就是大腦中負責思考和寫作的部位。

如果你對科學研究沒什麼興趣的話，那我先跟你講結論：研究證實，自動書寫高手在寫下那些內容時，並沒有用大腦去思考。

而對於科學有高度熱誠的讀者，可以繼續研讀安德魯醫師的著作《改變大腦的靈性力量：神經學者的科學實證大發現》。此外，超心理學家迪恩．拉丁（Dean Radin）的研究也十分有開創性，我稍後會談到。

想要開發心智的潛能，就要適時關掉某些大腦區域

一般來說，人類在說話或寫字時，大腦的某些區域會比較活躍，用CT就可以觀察到血液在流動。令人驚奇的是，在自動書寫時，那些區域及部位反而會停止運作，包括顳葉。

紐伯格醫師說：「以語言文字來表達和思考，都跟顳葉有關。而大家以為在自動書寫時，這個部位會比較活躍，但在那些高手身上，情況恰恰相反。流到顳葉的血液反而減少了。」

為什麼過程中額葉和顳葉會停止運作？目前科學上還沒有明確的解釋。我猜想，因為自動書寫的內容不是由大腦思考得來，而是從心靈或外界傳送來的。

海馬迴跟記憶力有關。當你在寫日記或是默寫時，這個區域會很活躍。然而，紐伯格醫師發現，自動書寫高手的海馬迴活躍度也偏低。也就是說，自動書寫的內容不是由腦部的記憶區中提取出來的，而是另有來源。這完全說得通。寫日記是靠記憶力，而自動書寫是在接受訊息。

我最近訪問了身心靈作家凱爾・葛雷（Kyle Gray）。他寫了八本關於天使的書，設計了四套與天使溝通的神諭卡。我們談到超感知（clairsentience），這種能力可用來接收宇宙的訊息。我猜想，人在自動書寫時就是在執行這種能力。但在紐伯格醫師的研究中，靈媒所得到的訊息是透過大腦的情緒中心傳遞而來，而不負責語言文字的部分。

中央前迴和前額葉皮質是用來調節各種認知能力，包括注意力。當人專注於做某事時，這些區域就會活躍起來。在進行自動書寫時，那幾位功力差的靈媒得刻意保持注意力，所以那兩個部位有在運作。然而，自動書寫高手無須費心動腦，所以那兩個部位便沒有運作。

紐伯格醫師接著提到，在剛開始練習自動書寫時，必須集中注意力，就像學習彈鋼琴一樣。但是熟能生巧，等你上手後，大腦某些部位就會開始停止運作。

「重新連結潛意識」是我最專精的教學項目。就像煉金術士一樣，我能幫助人們轉化能量。思想就是能量，它在我們體內嗡嗡作響，在不知不覺中控制著我們。紐伯格醫師說，透過冥想、自動書寫與催眠，就能讓額葉休息一下，令人得以重組自己的心智以及思考模式。大體上來說，人越是沉浸於自動書寫或出神的狀態，就越能重新連上自己的心智。

自動書寫能引發心流狀態

我和潔西卡設計了正念跑步計畫後，就一直對「心流」（flow）非常有興趣，這種身心狀態在運動領域中也很重要。

在心流狀態下，時間靜止了，頭腦安靜下來了，你對自己的一舉一動很有把握，就像麥可．喬丹在比賽結束前一刻出手，投下致勝的一分。在這一瞬間，你不受外界干擾，只有體驗到當下的身心狀態。

只要配合呼吸，規律地做某些動作，就可以開啟心流狀態，所以方法非常多，包括跑步、騎自行車等。

自動書寫也能有效帶你進入這種狀態。你會忘了時間的存在，而進入平靜與天人合一的感覺中，頂葉也停止運作。我們通常不會把自動書寫和運動聯想在一起，但兩者其實有許多共同處。

我最喜歡的兩項運動是競速滑冰和滑冰式滑雪（skate skiing）。選手在前進時得規律地左右擺動，所以很容易進入心流狀態。而人在自動書寫時也會有這種律動。我以前都會坐在一個舊電腦椅上進行自動書寫，而頭會不自覺地左右搖擺，就像我最敬愛的歌手史提夫．汪達一樣，而我敲鍵盤的樣子就像在彈鋼琴一樣。

紐伯格醫師指出，這些動作可以讓你進入心流狀態，他說：「快的運動像蘇菲旋轉舞，慢一點的運動像健走，都可以活絡大腦。」就算像打字或寫字這種小幅度的動作，也可以讓你進入忘我的狀態。因為提筆已經變成一種暗示動作，而通往潛意識的神經迴路也會馬上開啟。

有的學員一拿起筆，寫完禱詞後便進入心流狀態。經過多年來的自動書寫練習，他們心智已經改變，所以能迅速進入那種狀態。

紐伯格醫師解釋道：「自動書寫高手一下筆，就會比其他人更快進入心流狀態，腦袋一些部位也更快停止運作。就算是靜坐多年的修行者，也不一定有這種能耐。」

所以心流就是我們要尋找的狀態，進入之後，便能深入心靈深處、跟宇宙相連。十幾年來，我花了很多時間打坐冥想，身心能進入深層的穩定狀態，但當時所感知到的訊息很普通。但藉由自動書寫，就收到意義深遠的智慧之言。

研究顯示，冥想會增加額葉的活躍度，但自動書寫的效果卻相反。紐伯格醫師認為，這一高一低的狀態，能帶來不同凡響的體驗，進而讓我們覺醒、開悟。

開悟後，大腦的狀態也會跟著改變，生活也會更順暢

最近我又訪問了紐伯格醫師，談起他的著作《開悟如何改變你的大腦》（*How Enlightenment Changes Your Brain*），他解釋道：

在時速八百公里的飛機上，你什麼時候會感覺到自己在飛行？當然是起飛或著陸的時刻，也就是運行狀態轉變時。大腦也一樣。當它由活躍進入休息狀態時，你才會有不同的感覺。就這一點來說，狀態轉變是有益的。冥想並非開悟，不論你花多少年在打坐，唯有大腦活躍度減低，才能體會到開悟的感覺，就像飛

機準備著陸那樣。

儘管我還沒有百分之百的把握，但有些證據指出，冥想或自動書寫等活動有助於大腦做好準備，以迎來開悟的時刻。

正因如此。很多人才會在自動書寫的狀態下獲得神祕的體驗，進而步上覺醒或開悟之旅。狀態轉變的幅度越大，感受就越深刻。當你從深度的冥想中醒來時，心靈會感到特別清澈。

不管開悟的意義為何，我不會把自動書寫當作修行方法。不過，透過自動書寫，我們的確能獲得深刻、神祕而充滿靈性的體驗

紐伯格醫師接著談到，在自動書狀態下，我們要刻意製造「感覺剝奪」（sensory deprivation）的環境。大腦的某些部位關閉後，某種奇特的精神體驗就會出現。所以我們在進行自動書寫時，眼睛微微睜開就好，過程中最好聽著θ波音樂。我們不關心外在的變化，也不執著於內在想法，而是捨棄各種刺激，進入感覺剝奪的狀態。

漂浮艙（float pod）是近來很流行的療癒設施，能讓你體驗感覺剝奪的狀態。那是一個封閉的艙體，裡面裝著淺淺的鹽水。躺進去之後，在靜默中漂浮三十分鐘，

當中沒有任何感官的刺激。視覺、觸覺和聽覺都暫時休息，大腦若還接收到刺激，一定是某種神祕的啟示。

這正是我們在自動書寫中要尋找的，也就超越大腦思維和日常的感知。紐伯格醫師不確定那種神祕的體驗從哪裡來的，但大腦也許真的是一種靈性接收器。

前面提到，只要你練習久了，隨時都能聽到指導靈的聲音，就算沒有在進行自動書寫也一樣。對此，我在第十五章會有更詳細的解釋。簡單來說，處於自動書寫狀態時，你的心智就會像雷達一樣，不斷接收訊息。

紐伯格醫師表示：「新的神經連結出現後影響力會持續多久？在《開悟如何改變你的大腦》中，我舉了許多案例說明，在開悟之後，人的靈性感知力會增強，更不會害怕對死亡，人際關係會更密切，工作也會更順暢。從神經科學來看，在開悟那一瞬間，大腦的運作模式也改變了，那一片刻只有幾分鐘，卻能從根本上改變我們的思考模式。」

我的猜想是，在那一刻，大腦會突然重新開機，產生新的連結，一些久未使用的部位也活絡起來。有些人是在經年累月的冥想練習後開悟，有些人是在一瞬間覺醒（像我在交死關頭那樣）。但無論如何，自動書寫都有助於開悟。

紐伯格醫師提到一項跟多巴胺（會帶來愉悅感的化學物質）有關的實驗。一群受試者在參加靈修活動前後，都接受了多巴胺檢測，結果發現，在參加靈修後，大腦處理多巴胺的方式也改變了。他們的某些感官知覺更敏銳了，也更容易對多巴胺有反應。這些受試者也許經歷了某種開悟的體驗，並在靈修的過程中讓大腦活化起來。但這都是推測而已。

這些科學上的實驗與推測真是令人頭昏眼花。還記得披頭四的歌〈我、我、我〉（I, Me, Mine）嗎？頂葉是大腦中負責自我認同的部分，也就是小我的部分。在自動書寫的過程中，高手能體驗到強烈的連結感，而我執會減弱（頂葉的血流量降低）。

更令人驚奇的是，日子越久，紐伯格醫師所研究的那些靈媒，進入自動書寫的模式也更快，腦波狀態也更平穩。由此可知，冥想儀式和書寫練習是能改變身心運作的狀態。

我原本期待，紐伯格醫師能找到大腦的靈性中心，如松果體。我總是在猜想，大腦應該是靈性訊息的接收器，但目前這方面的研究還很少。

紐伯格醫師在研究中還發現，冥想者或自動書寫者的大腦比一般人厚了百分之五十。

創造力的來源

處於自動書寫的狀態時，創作力會爆發，讓你寫出獨特的詩句或歌詞。不過我倒是還沒因此寫出一首流行歌曲。從科學的角度來看，這些創作的泉源到底從何而來？

超心理學領域的頂尖研究員迪恩．拉丁提出了明智的見解。超心理學家專門研究超自然經驗，包含我那兩次瀕死經驗。人們總以為這門學問的科學根據很薄弱，但事實恰恰相反，相關的研究、資料及統計數據都很充足。大家只是很難打破迷思與成見，深信這個宇宙純粹由物質組成。但是量子科學家早已指出，事實恰恰相反。我們訪問過印度物理學家高斯華米（Amit Goswami），他在科學紀錄片《我們懂個X》中，有用量子物理學解釋世界的複雜性。

專訪迪恩．拉丁後，我們歸納出的重點是，任何一種冥想都對生活有幫助，也能提升專注力。更重要的是，經常練習像自動書寫這種直觀方法，直覺就會變強，做任何決定也會更明確。

拉丁博士特別推薦大家閱讀《快思慢想》這本劃時代的作品，這是出於普林斯頓大學的心理學教授康納曼（Daniel Kahneman）。他在書中闡明了慢速思考和快速思考的區別。前者是透過直覺，以取得對某件事的想法與感受（自動書寫有助於培養這種能力）。但在慢速思考中，你就能使用分析、邏輯等工具。

而創作的源頭從何而來？拉丁博士推測，就跟通靈能力一樣，思想是從無意識中冒出來的。所以每次我們講到直覺時，就表示自己也不知道那些資訊是怎麼來的。

根據這套原理，拉丁博士認為，知識有兩種，一種是習得的技能，就算忘了還是馬上可以記起來，例如騎腳踏車。另一種則是精神上的刺激或直覺性的感受。他說：「這兩種知識會交雜在一起，很難清楚辨別。」只要不斷練習，直覺力就會變強。

拉丁博士表示：「那些感知都是從潛意識冒出來的，只要多加練習，它就會源源不絕而來。之後你就能夠有意識地發揮它的功效。」換句話說，只要多加練習自動書寫，你跟潛意識的連結就更深，直覺也就更強大。例如，一旦你能認得某種特定的鳥叫聲，那你聽到的次數就會越來越頻繁。

因此，用各種方法來培養直覺，並設法發揮它的長處，就能獲得生活上的指引。

拉丁博士說，冥想可以提高深入潛意識的能力：「航行在自己的心智中，就能找到潛意識。」我問拉丁博士，任何人都可以成為靈媒或通靈者嗎？他回答道：「問題在於，對自動書寫有興趣的人，是否就能成為專業的通靈者？通靈能力是可以培養的。但要變成大師，就需要天賦。」

也就是說，大多數人都能夠提高通靈能力和直覺，包括培養超聽覺力（clairaudience）或透視能力（clairvoyance）。練習越多，潛入潛意識的能力就越強。從此以後，你就能頻繁且有意識地利用內在的智慧。

現在你可以放心了，自動書寫是有科學根據的。

第八章

用日記本來寫好處多多

Writing

練習一段時間後，你應該會想改變自動書寫的儀式和程序，也會想確認自己有沒有做錯、有沒有成效。

先從最熱門的問題開始：可以在電腦、手機或平板上練習自動書寫嗎？當然可以，文字的內容才是重點，只要能避免小我的干擾，用打字或寫字都行。

學員瑪琳說：「透過自動書寫，我的內心提升到幸福與平和的境界。有趣的是，我常感覺到自己和自然、宇宙化為一體。」她在自己的自動書寫中發現這些文字：「星星了解我。山了解我。雲和風了解我。」

她接著說：「我沉浸在深刻的自我反思中，於是更了解自己，也更懂得體諒他人。我接收到這樣的智慧之言：『雖然有些人的話語或想法很討厭，但也能看到自己的身影在其中。』」

瑪琳透過自動書寫所得到的境界，希望你也能體會到。

打字救了我的學業

能手寫最好，但是如果你有關節炎等疼痛問題，或是身體不方便，那麼用鍵盤打字當然沒問題。

筆跡就不用太在意，進行自動書寫時，字很難寫得好看，連小學老師都會看不下去。但從我的經驗來看，字跡越潦草，收到的訊息就越重要。

我一開始用手寫，到後來才改用電腦打字。回顧過往，我讀小學時被發現有學習障礙，還被診斷出有過動症。我寫字的筆劃和順序也有問題，常常把字母寫反了，文法更是讓我暈頭轉向，所以總是寫出亂七八糟的句子。直到四年級，媽媽借給我一台老式的打字機，我的寫作能力才開始起飛。她在按鍵貼上了膠布，所以我得憑記憶力記住字母的位置。

個人電腦還沒流行的時代，我是小學班上第一個精通盲打的學生，還用打字機完成作業。想不到吧！學期末我各科都拿A，而一切都要歸功於打字。

以下是我學到的一些用打字進行自動書寫的技巧。

在電腦上進行自動書寫

在幽暗、安靜的自動書寫環境中，電腦螢幕會很刺眼。解決方法很簡單：調暗藍光。在網路上有一款免費軟體f.lux，能用來調暗你的螢幕。藍光對你的眼睛有害，也會刺激你的大腦，讓你難以進入出神狀態。

現代人看電腦一整天，該軟體能過濾藍光，減輕眼睛疲勞，讓你更容易入睡。在iPad和iPhone上，也有一種內建功能叫做「夜覽」，就在「設定」的「螢幕顯示與亮度」裡就能找到。我還會選擇使用BenQ濾藍光顯示器，我的眼睛輕鬆多了。

除了過濾藍光外，f.lux還有一個非常酷的功能叫做「暗房模式」，這以前是為了攝影工作者所設計的功能，讓他們可以在暗房中使用電腦，而不致使曝光膠卷。在此模式下，螢幕會變成黑色和紅色，不會發出可見光，不會有白色、藍色或其他明亮的顏色。這麼一來，你在打字時就不會被明亮的螢幕所刺激或驚擾，還能在半睡半醒的狀態下瞇著眼打字。

為了讓心靈更加解放，我會放鬆身體、讓頭自然搖晃，然後閉上眼睛不停打字。我偶爾偷看一眼，以確定手指仍放在鍵盤的正確位置，不然就會打出亂碼，就像我的小貓踩過鍵盤時打出的內容。

幾年前，有個在谷歌和蘋果工作過的學員跟我說，她都在谷歌文件上進行自動書寫。我覺得這個方法太神了。完成後就能把筆記存到雲端，之後想回顧某個特定主題（如工作）的線索，搜索關鍵字和短語就可以找出來了。

例如，我問指導靈要搬家到哪裡，但過幾天就忘了，這時就可以在谷歌文件搜索關鍵字。或是說，有天我夢到一隻老鷹，而指導靈用很特別的方式解了那個夢。過沒幾天我突然看到一隻老鷹，就可以回去谷歌文件去搜尋那篇解夢的紀錄。由此可知，新科技與靈性成長是不相衝突的。

提筆寫字能觸發更深刻的體驗

接下來就要談使用電腦的缺點了。首先，在你開始進行自動書寫前，會有一個額外的步驟，而心理上多了一層障礙，就更難保持習慣。聽起來沒什麼，但你得先打開電腦，等它啟動，接著再點開文書軟體。如果你不是經常更新電腦設備，這步驟就要多花幾分鐘。

潔西卡是寫在日記本上，只要手拿原子筆，就可以開始進行。每天早上她醒來後，快速上個廁所，就回到床邊冥想、接著進行書寫。沒有比這更容易的了。

如果你用電腦或平板進行書寫，就很容易受到誘惑，忍不住要去看 email 或社群網站的訊息，或被其他通知轉移注意力。你會突然醒來，讓思緒轉移到外界的事物上。

潔西卡的打字速度很快，但她要用手寫才能接收到意義深遠的智慧話語。無論你採用什麼方法，一定要堅持三十天，才能看到顯著的效果。

坦白說，拿著筆在紙上寫字，觸感明顯又有動作，比較能帶來神奇的效果，更容易接收到宇宙的訊息。看到文字出現在紙頁上，感覺更有啟發性，它雖然字跡潦草，但還是有一種美感。

這就是紙本書的魅力。翻動滿滿的紙張和日記本，回顧那些內容，就是一種神祕的體驗。寫字時，手一遍又一遍地越過身體的中心線，這是人類最神奇的動作了。它能讓左右腦連起來，進而創造出心流體驗。在鍵盤上打字的話，就可能不會有這種體悟，但你可以嘗試一兩週看看。

總之，兩種書寫法都有好壞之處。只是對我來說，手寫的文字有種能量，就像印章一樣，這在數位世界是體會不到的。

日記本就像有能量的魔法書一樣

潔西卡有一本厚重的皮革裝訂日記本，封面上刻了一隻龍，很棒吧！日記本上有圖騰，就會像有能量的魔法書（在《魔戒》或《哈利波特》中常看到）一樣，書寫時會更有感覺。

當然，你也不需要花錢買那種花俏的東西。我生來就不是個消費主義者。從環保立場來看，我最喜歡頁數多、用再生紙製成的筆記本，學生用的作業簿也行。我還喜歡封面上有小狗圖案。無論是什麼風格，你決定就好。

儀式對於潛意識很重要，而好的文具就像在與你對話一樣。日記本最美妙之處在於，它不受地點限制，無論你是在旅行或是出公差，或是在樹林、湖邊或山上，都可以來進行自動書寫。

日記本是神聖、珍貴而特別的個人物品。潔西卡的皮革日記本有著厚重的硬封面，而她都是在床邊進行自動書寫，所以不用考慮攜帶性。對她來說，擁有一本厚重的日記本，象徵著她對自動書寫的重視程度。有些人喜歡特殊設計的日記本，還有人喜歡輕便的筆記本，這也都可以用來練習自動書寫。重點在於，無論是在經濟上還是在情感上，你投入得越多，才越可能堅持下去。

阿波香卡（Kapil Shripad Apshankar）博士說：「對於自動書寫的工具，我非常挑剔。我總是準備好四枝裝好墨水的鋼筆，有時會用鋼珠筆。另一個必備品是空白無畫線的筆記本，可以讓我自由發揮靈感。它就像一張神奇的畫布一樣，帶領我實現夢想的生活，讓我接收神聖源泉的訊息。寫作時，我心情非常輕鬆，靈感總是源源不覺而來。」

一個月內就會有些許的成果

除了電腦打字、挑選日記本等問題，學生最關心的就是書寫的效果。一開始，你只會接收到一些不完整的句子或詞彙，甚至一片空白。沒關係，這是必經的過程，只要不斷練習，訊息就會開始浮現，你就會更有信心。

大部分學員都會在一個月內接收到內在智慧的訊息，也有不少人第一天就成功了。有百分之十的人在第一天會寫下詩歌或歌詞，這是難度最高的（我迄今仍接收不到）。接下來，還有百分之十的人在兩週內就收到意義深遠的智慧之語。但大部分的人，只能寫下少少幾個字或不完整的句子。

最後，還有一些人過了一個月後還是寫不出有意義的訊息，但他們的身心狀態都變好了。自動書寫不限於文字，只要你和內在智慧建立連結或同步運作，身心就會更有能量。

撰寫本書時，我有向自己的學員邀稿，他們也很熱情地分享了自己的自動書寫筆記，以下是幾首詩作：

之一

我的天哪！
我的天哪！
為什麼看不透這一團亂。
心煩意亂時，善良是唯一途徑。
試著讓內心的憤怒怪獸安靜下來，
並向身邊的人展現關愛與感激。
每天都是新的開始，要練習表達善意。

所思、所想、所做以及所言，
都要展現真誠的愛。

之二

火之子啊！火之子，
在枯木中獲取能量，
升起醞釀中的熱度，
在小徑之始迎接眾神。
與萬物同步，
臣服於愛和光，
我們接受永恆的使命。
這座山谷在我們的靈魂中，
我們的靈魂在這座山谷中，
我們不會佔有祢，
我們該走的時候，請釋放我們！

不抱任何期待地用心寫，自然就會有啟發

多年來，我的自動書寫程序都一樣。不斷重複我的祈求禱文，直到靈性的訊息開始冒出來。你也可以重複寫「不知道該寫什麼」。反正一定會出現胡言亂語，這是正常的。

完成祈禱文、祈求達到至善後，就開始寫吧，哪怕你把家具的顏色寫進去也沒關係，只要不斷動筆就好。哪怕是什麼荒謬的描述或胡言亂語也沒關係，最近我都跟學生說，就像「倒垃圾」一樣，什麼愚蠢的語詞或句子都可以寫出來，只要不經大腦思考就好，也不要自問自答。在剛開始的一兩個星期內，你可能寫了十分鐘都還在胡言亂語。但你的自我感覺會越來越好，因為你現在掌握了新工具，不但能接觸到自己的內在智慧，還跟宇宙有所連結。

只管繼續寫。

我的學生雷恩說：「卡住的時候，只要不斷重複同一個句子，潛意識的訊息就會浮出來。例如今天早上我重複在寫這一段：『愛我所擇、放下過去、珍惜現在、期待未來。』」

每當我有工作上的壓力，包括錄製節目或邀請佳賓有困難，或是寫稿不順時，我都會透過自動書寫尋求解方，而通常我會得到這個答案：「放輕鬆，麥可。有我們在。凡事都會有最好的安排。」

對自動書寫新手而言，這種手足無措的感覺令人很不自在。你會感到很彆扭，懷疑自己幹嘛做這種怪異的事情。那些內在智慧、天使什麼的，都是一些牽強、不真實、刻意捏造的童話故事。

你會想要停下來，並告訴自己這一切是徒勞無功的。就像我當年無視於阿卡西導師給我的訊息。我覺得那是騙人的，但其實當中有許多線索。

換句話說，這種事是不是自然而然就能學會。很少有人覺得自己的生活被天使守護著，到處都是愛，彷彿玫瑰花瓣漂浮在空中。對於大多數人來說，每天都在懷疑中生活，所以會質疑自動書寫的真實性。搞不好我只是在自問自答，這種愚蠢的舉動真令人尷尬。

別擔心。這些疑惑或擔心都是來自大腦以及你的完美主義，而透過自動書寫所寫下的訊息，不會這麼理性。

因此，在那一整篇胡言亂語中，會發現一些正面的話語，比如「你是被愛的」、

「一切都很美好」。然後又接回「不知道要寫什麼」、「感覺很怪」。正面及負面的訊息會交織出現。

過沒多久，當靈性訊息開始出現後，你一定會覺得很神奇，很想不斷體驗這種感覺。你還會對靈性的存在有敬畏之情，因為祂是如此不可思議。重點在於，就像冥想一樣，在自動書寫時，不要執著於特定的結果。如果今天沒有得到任何啟發，只是把待辦事項寫好，那也不是壞事，起碼你與內在智慧同坐了一陣子。

只要不斷練習，訊息就會源源不絕而來，而那至高的存在會找到你。我的學生曾谷分享了這個故事：

一開始我沒有抱任何期待，只是保持開放的心，想要對於創造我的宇宙有所回報。我是個認真的學生，所以按照麥可的指示，寫出禱告和祈請文，雖然我對於內容是半信半疑的。我寫了好幾個星期，每天回顧那些筆記時，只覺得是自己在對自己說話（但態度溫和而正向）。我對上天是如此誠心誠意，所以希望祂快點賜予我一些深刻而有智慧的話語。我感到有點挫折，但還是繼續寫下去，也不斷試著和那至高的存在對話。

正如麥可所承諾的那樣，奇蹟發生了。上天總於有所回應了，但不是出現在筆記本上，而是內心不時出現小火花。有時我正在思考一個問題，答案就會瞬間到達我的心門前，而且還整齊包好，並打上一個閃亮的蝴蝶結。我本來對自動書寫半信半疑，但是事實證明我錯了。這的確是一種簡單而又神奇的工具。

事情總有例外。有些人一動筆就接受到靈性訊息：「我們等你很久了……」有位學員海倫分享道：

那時是二〇一八年一月，我感覺精神衰弱，對一切都不敢興趣。每天的例行工作都很苦悶。在那陰暗的寒冬，我委靡不振。我知道該尋求協助。我經常收看《靈感國度》，覺得這個節目很振奮人心。當麥可說到自動書寫如何轉變他的生活時，我就想來試試看，所以就參加了麥可的線上課程，並開始練習自動書寫。

我如饑似渴地不斷練習！第一次的感覺很棒，我與自己沉睡多年的靈魂重新建立連結。我每天都寫，有時一天寫兩次。我那本厚重的筆記本從前到後寫滿了天使的訊息。現在是二〇二〇年，我每天寫的次數沒那麼多了，但我知道高靈夥伴一直在我身邊，我總是能感受到彼此的連結。自動書寫為我開闢了一條道路，包括讓我接觸到冥想、呼吸練習、瑜伽和正念療法。這一切都是最好的安排，引領我走向靈性進化的道路。

小我出現時，請它在旁邊坐著休息一下

天使總是善良、滿懷愛心並隨時支持你。祂們不會批判你的對錯，也沒有惡意。這些年來，小我不時都在對你大聲喝斥，但內在智慧始終愛著你，宇宙、天使、上帝、指導靈、佛陀、真主也是。

如果你接收到高我的訊息，就會發現那是一個和善、溫柔又充滿愛的存在，正如慈愛的父母一樣，祂們願意為孩子做任何事。

有時指導靈會表現出嚴厲的口吻。我已故的精神導師傑克就會透過自動書寫提醒我：「你他媽的要好好照顧潔西卡。」傑克當然愛我，但他是個嚴肅的人。就算那聲音再嚴厲，也是因為愛之深、責之切。祂不是在批判你，只是想要你過得更好、更圓滿。

如果你獲得的訊息沒有任何關愛之情，而是充滿否定或失望的口氣，不斷說著「你應該做得更好」、「你當初不該那樣做」等。那種話語只會令人擔心、恐懼、焦慮或批判，那就不是靈性訊息，是你的小我在說話。

有趣的是，那樣也不錯。小我的確在替你設想，消除、摧毀甚至超越小我都是不必要的。小我是你的一部分，它的確在設法解決問題。當你身心達到平衡並能接納小我的存在，它就會成為你最好的新朋友。小我是受傷的內在小孩，傾聽他的話語、幫助他療傷，你感覺就會變好。

當然，你不需要把人生的方向盤交給小我，讓他坐在副駕駛座就好。要如何將小我的意見變成正向的鼓勵？方法很簡單，當它出現時，先請它等一下，說稍後就會去陪它。我在第三章中有解釋了傾倒小我的技巧，讀者可以複習一下。

指導靈出現時，身體會有些微的感覺

以前我不相信大天使的存在，只知道某個神明在許多事故中救了我。直到我研究了靈性知識，才了解祂們的本質。

過去，我只想認識自己的內在智慧，沒有想跟任何高等生命建立連結。現在，我擁有了一組靈性嚮導，讓我生命有了依靠，包括天使、動物靈還有已故的親人。

學習自動書寫後，我特別想跟大天使說話，原因我也不太清楚，但我聽到祂們的呼喚。讓我介紹這幾位大天使：

大天使麥可。祂是我最喜歡召喚的天使。我想像祂拿著一把巨大的石英光劍，會衝破黑暗，前來保護我的安全，並指引我的人生，領我走向遠大的未來。天使專家凱爾・葛雷說，大天使麥可是「天使之王」，是保護世人的守護者。你需要力量、指引和保護時，就可以向祂請求。

大天使拉斐爾。祂的主要能力是療癒。當學員有身心方面的創傷時，我都會請祂會幫忙，讓他們恢復能量、撫平傷口。當我生活不穩定，或是出外旅行時，也會向祂求助。

大天使加百列。祂是滋養和引導的天使，幫助我療癒心靈創傷，並找回內在小孩。祂溫柔又強大，散發愛的能量。當我受苦、掙扎或需要放過自己時，便會召喚大天使加百列。當我無法跟宇宙溝通，或聽不到內在的聲音時，也會召喚祂幫忙。

每次寫訊息給祂們時，都會有一種特別的感覺。在錄節目前召喚祂們，我都能感受祂們的存在。祂們隨時都準備好要幫我。

祂們是我的守護者、靈性嚮導、療癒之光和靈感泉源。祂們就像老師，當我行為越軌時，也會把我拉回正途，讓我了解真相。祂們是所有人的守護者，但你只需要召喚與你產生共鳴的對象就好。

大天使和天使的區別在於，前者的位階比較高。每個人都有守護天使，每次轉世祂們都會跟著。化身為美洲獅的馬克西米利安就是我的守護天使。我每天都會寫訊息給祂，請求祂的保護和指引。

我召喚天使後，會慢慢地跟祂們共處。那時我會感到一陣顫抖從我的手臂和脊椎傳來，就像羽毛刷過我的皮膚一樣，我總想像那是天使的翅膀。天使專家葛雷將這種感覺稱為「天皮疙瘩」(angel bumps)。

召喚大天使麥可後，就會出現那種刺刺的感覺。事實上，每個指導靈都會碰我的身體一下，就連我已故的寵物鼴鼠出現時，我也能感受到祂的皮毛。

在書寫過程中，我會直接問：「我在和哪個指導靈或天使說話？」如果我一開始有指定溝通的對象，比如美洲獅馬克西米利安，祂就會親自回覆訊息。如果我沒有選好對象，就很難收到答案。有次大地之母給的回覆就很籠統。但不用擔心，只要你誠心誠意祈禱，愛和光就會包圍著你，讓你接收到慈愛、善良又有意義的訊息。

第九章

自動書寫不順暢時，
就是檢視生活問題的好時機

Writing

學員最擔心的，莫過於自動書寫是否奏效，接下來我會提出更詳盡的解說。但首先，你要先完全確定，指導靈真的沒有給你任何訊息嗎？

有趣的是，許多人還沒意識到發生什麼事，就已經接收到智慧的話語。第一，書寫在半睡半醒中進行，因此你寫完後也不記得自己寫了什麼。所以我們一定要定時重讀你寫的東西。

第二，一開始我們只能接收到片斷的句子，而且看起來沒什麼意義。重讀一遍後，就會大致了解其中的意涵，並拼湊出有深度的話語。這時你就會感覺到內在智慧正在和你說話。

重讀筆記，一定會有意想不到的收穫

「我不知道要寫什麼……我是被愛的……一切都很好……放鬆心情……天使來幫我吧……」這些重複的語句看起來沒有多大意義，但當你細心拼湊起來，就會發現，這世界一定有個人或某種生命型態是愛你、支持你的。

只要你一開始練習自動書寫，就會發現它的療癒效果。除了一些有意思的語詞或短句外，自動書寫就是種紓壓的活動，有助於放鬆心情。喜悅感上升後，憂鬱的心情會開始消散，身心的感覺就會好多了。

因此，自動書具有療癒的效果，它可以紓緩焦慮，趕走心靈的陰霾，讓你的自我感覺更好。

有些學員第一次練習就感受很深刻，還有些人突然寫了詩句，另有一些人接收到古代大師的智慧之語和人生指引。有時你一按到靈性開關，高我的訊息便源源不絕而出。但有時什麼也沒有，要保持耐心。

我的學員崔娜在生日那天，開心地收到指導靈給予的祝福。她說：「那天是我的生日。過去幾週我一直在練習自動書寫，而指導靈突然給我驚喜，讓我開心得不得了。」

我常跟學員說，要提升對賜福的耐受度，因為接下來有更多好事會降臨到你身上，會讓你笑到歪腰。但你要保持鎮靜，繼續完成幸福的旅程。雖然世界還是原來的樣子，但至你可以成為理想中的自己。

因此，一定要重讀你的筆記，才知道當中的線索。否則你在書寫的當下是處於出神狀態，一定會寫下許多潦草又難懂的文句。那正代表你的理性腦暫時在休息中，把困惑放一邊。

重讀那些文字，你一定會被其中隱藏的訊息嚇到。初學者會以為，那堆雜亂的文字一點意義也沒有，哪可能有智慧之言。但許多學員都會很驚訝，原來自己寫下了許多線索以及深奧的話語。

許多學員一開始會抱怨：「麥可，一點都收穫都沒有，只是胡言亂語，沒有任何意義。」接著我會請他們拿出自己的筆記，試著唸唸看。沒過多久，他們就會驚訝到說不出話。原來當中有幾句話意義非常深遠，懷疑是否真是自己所寫的。當然沒錯。

他們接收到當天的生活指引，還有已故親人傳來的溫暖訊息。這些意義深遠的話語，都夾在潦草的「不知道要寫什麼」、「這太愚蠢了」等反覆出現的句子中。

我的學員琳達分享了她的故事：

開始練習自動書寫時，我剛救出了一隻老狗。那位飼主很壞，沒有好好照顧毛小孩。牠那時的狀況很差，還可能有無法治癒的重大疾病。我也很擔心牠不能接受我。而我希望能和牠建立良好的關係，讓牠不再自閉。

我每天早上進行書寫時，都會收到鼓勵的訊息，指導靈明確地告訴我，牠的消化系統有點問題，但一定會康復的。我帶牠去看了獸醫，並做了各種健康檢查，讓牠得到了妥善的照料，但消化仍然不太好。

後來在自動書寫中，我收到指示，要餵她吃一些含有益生菌和益生元的生食。幾天之內，她胃口變好了，而且體重增加了！我當時大吃一驚。牠現在已經恢復了健康，成為我溫暖而友善的家人。

回想起來，我經由自動書寫所收到的每一條指引都是正確的。現在我完全相信這個方法，在神聖的指引和保護下，我的生活更圓滿了。

因此，早上完成自動書寫後，請至少在中午或下午重讀一次，在睡覺前重讀也不錯。你書寫的內容會有一種特殊的能量或共鳴，睡前閱讀的話，會幫助你進入特殊、神聖的夢境。對我來說，就寢是一種儀式，你會穿過一扇大門，通往另一個世界，在六到八小時後才回來。重讀自動書寫筆記，救能讓你踏上美好又神聖的旅程。

之後，你的身心會更平衡、平靜，睡眠品質會變好，還會美夢連連，彷彿還在與宇宙相連。

沒效怎麼辦？

有些人難以進入自動書寫狀態，只能不斷重複無謂的句子。請不要絕望，有很多方法可以改善這種情況。接下來的內容就像家電的故障排除手冊一樣，帶我們一步步檢查各種設定狀態，希望可以順利啟動通往靈性世界的馬達。

第一，先檢視你每天練習的時間，只要能夠早起，那自動書寫就會進行得更順利。畢竟，天亮之後會有太多噪音和干擾能量。

祕密基地

前面有談到，每個人都被能量場所包圍，我們每天生活在其中，就像在魚池裡游來游去。這個能量場充滿了每個人的思想和能量，有正面、也有負面的。

如果能量場的負面訊息多到令人難以承受，那靈性之門就會緊閉，我們就難以進入自動書寫狀態。前面也提到，所以我們需要一個祕密基地，一個安心的地方，避免受到他人影響。比方說在家裡，你要尋找一個安靜的地方，遠離孩子和伴侶，以暫時隔離他們的能量。浴室、地下室、衣櫥都可以，車上也是個不錯的地點。只要發揮創意，你就能找到一個神聖的空間，也更容易收到靈性的訊息。反之，待在擁擠或太嘈雜的環境，自動書寫的閘門會關閉。

每個人都是音叉，能影響彼此的波動

你能創造自己的能量，也能給朋友能量，還能分給周圍的每個人。簡單來說，在這個能量場中，你就是一個行動電源，而且量能可以不斷擴大。《心能量開發法》（*The HeartMath Solution*）的作者霍華．馬丁（Howard Martin）說，每個人都是音叉，在自己的家、城市、國家甚至整個星球創造了音波振動。迪恩．拉丁博士以及全球和諧計畫（Global Coherence Initiative）的研究人員也很認同這個說法。

因此，如果你長期處於一個高壓的環境，一定會覺得身心困頓。在這段艱困的疫情期間，許多學員都跟我說，越來越難睡個好覺。因此我創立了一個網站（www.MagicalEveningRoutine.com），在上面提供一些助眠的好方法。

無論出於何種原因，當我們的生活場域充滿焦躁不安的波動，彼此的睡眠品質就會變差。這變成了一種惡性循環，當你不安時，其他人就會感受到你的波動，其神經系統進入戰或逃模式，跟你一起焦慮起來。這時你的感知系統也會察覺到他們的不安，於是心情變得更加緊繃。

在新冠肺炎的後疫情時代，世界局勢一日數變。透過自動書寫的訓練，你更不會驚慌失措，並成為社區中最冷靜、最從容的音叉，進而改善周邊親友的生活。

如果你在人來人往的車站進行自動書寫，就無法觸及到內在智慧，因為你會不斷吸收到上班族的能量。他們總是對同事及工作內容焦慮不安，而你的身心就無法安定下來。因此，即使我們在家裡遠距工作，也不會有十足的安全感，因為工作場域的能量會透過網路傳來。

如果你的家或周遭環境不利於自動書寫，請找個安全安靜的地方，比如圖書館的自修室、冥想中心、瑜伽工作室、花園或寧靜的湖畔等。

零雜物的空間

我們不只是對身邊的人很敏感，對物品也是。看看你的周遭、環境和家裡堆積的雜物，在這樣混亂的地方進行自動書寫，就很難成功收到訊息。

前面我們提到書寫的時間。此外，住在城市裡，擁有乾淨的書寫空間也很重要，大小還是其次的問題。萬物都有能量，石頭、髒盤子、洗衣籃都有。看看自己的居住環境有多雜亂，好好清理一番，把東西歸位，才能有靜心的好環境。如果是鄰居有問題，可能就要考慮搬家。

找個安靜、沒有雜物的空間，才能進行冥想。一般人生活中充斥太多「無價值的負面刺激」（negative worthless stimulation，簡稱NEWS），這類訊息太多的話，你的身心就會隨著它波動。

因此，我們得找到能量很平穩的地方，沒有雜物堆積和焦慮緊繃的人，也沒有太多感官刺激，才能進入自動書寫狀態。

我和潔西卡很幸運，居住的地方都能看到大自然，彷彿置身於風景畫中。這一點不是每個人都能做到，但你可以試著改造房間的某個角落，建一座迷你的神殿，在那裡進行自動書寫。

審視住家的內部與周邊環境，想想看，為了促進自動書寫的成效，該如何改善或清理這些環境。

如果你像我一樣幸運，能住在優美的環境，那麼請推己及人，為你的家人和親友尋找一個波動平穩的地方。透過自動書寫，就可以吸引到美好的事物，實現人生各種目標。只要你能量滿點，那你夢想中的事物都能實現。

書寫前的三大儀式：關手機、冥想、寫禱文

• 書寫前，不可打開email、新聞網站、社群媒體和網購平台，會造成精神刺激的內容都不可以看。不斷滑手機，心情會很焦躁，接著觸發戰或逃反應，就不可能完成自動書寫。

• 書寫前，要先完成早晨的冥想。許多學員想要先書寫再冥想。但我的建議是，在沒有經驗的情況下，先按照我設定的順序進行。當然，沒有冥想也能開始進行自動書寫。但唯有經年累月的練習，你才能立即連上指導靈。我願意多花一點時間讓理性腦待機，以便好好享受自動書寫的時光。

• 禱告不能中斷。事實上，自動書寫沒成效，第一大問題就在此。學員一開始會認真寫禱文，幾天過後就偷懶跳過，或者只是大聲讀出來。但是禱告不僅僅是為了尋求幫助，還可以幫助你打開靈性通道，讓你進入出神狀態。所以不要跳過這個步驟，跟冥想一樣，每次書寫前都要先完成。

修補和試驗

想要解決問題，就要先回到起點，從那裡開始探索根源。根據奧坎剃刀法則，最簡單的解決方案就是最好的。以下方法可以嘗試看看：

- 將聲波音樂調大聲。這麼做能讓大腦放空，令你更容易進入自動書寫狀態。我特別推薦 θ 波音樂。
- 挑選喜歡的筆和日記本。之前提過，寫字是種觸覺上的體驗，用老式鋼筆的話，氛圍會更特別。
- 改在電腦上打字。一開始最好用手寫，但如果你總是寫錯字、下筆不順，或發現怎麼寫都沒效，那就是該敲鍵盤的時候了。我是透過手寫才接收到靈性訊息，但後來數量太龐大，我只能改用打字記下。
- 換椅子。你也可以坐在地板上，或移動到另一個窗口前。椅子很重要，我前面有提到，坐在潔西卡那張破舊的電腦椅上，靈感來得最多。
- 移動到不同的空間。房間、衣櫥、車庫、車上，室外的寧靜空間（不會被人注視，沒有任何干擾和刺激），每個地方都有不同的能量，不妨定時轉換看看。

- 改變冥想方式。除了數十冥想法之外，還有許多靜心法能幫助你放下執著。
- 嘗試不同的禱詞。有位學員不斷地寫下聖方濟的禱告詞，就開始接受到神的訊息。你也可以發揮創意，找到能感動自己的禱詞。

放下一切

進行自動書寫時要放輕鬆。這個活動和談戀愛有許多相似之處。找對象時太著急的話，反而會一直落空。身心放鬆、拋下執著，對的人往往就會出現。我和潔西卡就是這樣相遇的。

失眠的時候也是這樣，怎樣自我催眠都無法入睡，因為你正在刺激大腦，並誘發戰或逃的反應。這時你只能去做別的事情。唯有心情放鬆、放下執著，好好體會當下的感知，才會啟動睡眠的開關。自動書寫的原理也是如此。

因此，放手吧！不必強迫自己要開悟。隨著時間推移，每個人都會迎來牠專屬的神聖時刻。深呼吸，把自動書寫當成趣味的遊戲和生活實驗，就更容易獲得成果。無須刻苦練習，也不要太嚴肅看待靈性活動，畢竟生活中要擔心煩惱的事情太多！

但我還是提醒大家，跟自動書寫有關的變因，每次調整一項就好。如果你一次全改，就很難判定是哪個環節出了問題。

轉變地點、技巧和方法，靈性訊息就會更快出現。我設計了一個為期三十天的練習，我在第十四章會有更詳盡的解釋。隨時間的推移，只要堅持下去，都會接收到智慧的話語。那不是魔法，而是你的內在智慧在對你說話。

持續練習自動書寫，智慧就會降臨到我們的身上。無須煩惱自己會不會變成得道高僧。我不是，你也不必是。想要獲得智慧，你不必成為達賴喇嘛。這些活動沒有高下、沒有對錯判斷。只要持續練習，一定能接收到高靈的訊息。

那些你以為的障礙根本不堪一擊，只要精進練習，就能破除那些常見的幻象和觀念。跟著我的指引，你會爬得更高、走得更深，技巧更純熟。就像練瑜珈一樣，你會更容易做出高難度的動作。透過自動書寫，你能解開生活各個領域的疑惑。我會告訴你該怎麼做。

第十章

擺脫困境，重回正軌，化阻力為助力

Writing

看看當下的世界，這段時間大家都過得很不好，從沒有這麼絕望過，包括我的學員們。生活持續低迷，不知道該向誰求助，也不知道如何重新邁開步伐。

自動書寫在這時就能派上用場了。靜下心來，退一步就能看到生活的全貌以及線索。接著你就會發現每件事都有相關的意義，並找到前進的方向。你就一輛陷入泥沼的汽車，而指導靈會在背後推你一把，給你正向的刺激，幫助你前進。

當年，我和潔西卡事業、健康都出了問題，不得不離開茂宜島。雖然人生陷入困境，但我們知道這是短暫的。那時我開始練習自動書寫，也知道一定會有轉機。然後，答案真的來了。指導靈建議我們開始做YouTube節目，還要我們重新開始人生教練的工作。接著，我們就一步一步走向今天在科羅拉多州的夢想之家。

每當我感到陷入困境，就會進行自動書寫。在那個狀態下，我彷彿進入多重宇宙的世界，並看到當前可以採取哪些有效步驟。內在智慧、天使及指導靈會準確地指出：我身在哪裡、為何到此以及將往何處去。

找到目標、路徑及方向

無庸置疑地，自動書寫最重要的功能，就是幫我們找到目標、路徑及方向。

除了先前提到的問題：「我今天需要知道什麼？」以及「我是誰？」你也可提出以下的問題：

- 「現在人生要往哪去？」
- 「哪個路徑最有益？」
- 「我的熱情在哪裡？」
- 「我的想望和夢想是什麼？」
- 「我來這裡的任務是什麼？」

除此之外，我也經常在節目上提到這個請求：「請幫助我找到使命、寫下宣言，確定我人生真正的目的。」指導靈會幫助你從各方面了解人生，並找到你使命和義務。只要不時詢問上面的問題，你就能找到答案。

當你得到更多指示和引導，就知道這一輩子該怎麼走。你也可以請指導靈來檢視你的生活模式：「為什麼我會一直重複犯這些錯誤？」、「為什麼我要一直拿石頭砸自己的腳？」

如果受某些情緒所困擾，怎樣都擺脫不掉，那也可以求助於指導靈。你會在自動書寫中學到新方法來化解心結與調適心情。

如果你有情緒問題、老是感到心情鬱悶、壓抑、沮喪、悲傷、焦慮或害怕，那不妨透過自動書寫來抒發，並尋求指引。你收到回應後，會感到很訝異。我有個學生約翰是著名畫家，每幅作品價值數萬美元，但生活狀況卻起起伏伏。他喜歡創業，然後沒多久又意興闌珊。他想知道問題出在哪，幸運的是，他在自動書寫中找到答案了。

他發現，原來自己活得很沒自信，擔心自己不夠好、能力不足，又找不到理想的生活方向。但透過自動書寫，問題就更清楚了。他得學著不再嫌棄自己，並找到生活節奏，充分體現他的工作價值。

我和指導靈鼓勵他暫停一下腳步，先設法過得開心一點，果然他的創業之路就更順利了。我們還鼓勵他，多多挑戰自己，做一些會害怕的事情。因為他每次遇到困難就會放棄，當他學會堅持下去後，事業就上軌道了。

另一位學員瑪麗・貝爾是位高階主管。她也找不到自己的人生目標。她移民來美國工作，事業有成，卻總覺得不得其所。她開始練習自動書寫後，慢慢地找到線索，方向也越來越清楚。

她本來打算離職，成為一名專業的顧問。然而，在指導靈的指引下，她生活中開始有了轉變。她發現，原來自己在公司已經在做類似顧問的工作，不需要離職去創業。有了這番體悟後，她的人生開始改變，職位不斷往上爬。

現在她已經是一級主管了，負責監督數十位員工的工作成效，她開始練習自動書寫時，手下還只有兩三個人，而當時的主管如今變成她的下屬。她不確定未來會變得如何，但透過自動書寫，她知道現在這個位子是最理想的狀態。

提升自己能力的穩定性，就不會受他人的波動影響

一切都與能量有關。在人生教練領域，我是一名煉金術士。我當然不會把鉛變成黃金（那豈不是棒透了），但能夠把負能量轉化為正能量，將希望和夢想轉化為現實。我之前提到，我們每天在能量的池子裡悠游，只要能改變心態，便能吸收到正能量，把每件事都變成生活的助力。這過程我稱之為「能量太極拳」。

從量子科學的角度來看，世間所有的人事物都是能量體。我們都是由分子構成的，分子又是由原子組成的。科學家發現，在能量場域中，原子也會振動。既然我們是由能量構成的，就算我們沒有意識到，身心也會隨著其他能量振動。

若能從國際太空站看美國東岸，一定會覺得很美妙。城市與公路的燈火形成了光的網絡，我們生活在其中，交換著彼此的能量。在聖誕節時，我們散發愛的能量；在選舉時，我們散發焦慮的能量。

每個人都是音叉。會隨著周圍的一切而振動。聽演唱會時，會感覺到身心都在顫動。站在教堂鐘樓外，每小時都能感受到振動的能量。好聽的音樂、難聽的歌曲、高級音響或是便宜的喇叭，都會產生不同的振動。某個特別的人出現時，氣氛也會突然變不同。我沒見過達賴喇嘛，但我猜想，每當他出場時，大家一定能感受到明顯的振動。

我在茂宜島居住時，有跟一位老師學習冥想，他叫克勞迪奧。當他在場時，整個房間會有種神奇的寧靜氣氛。潔西卡說他是一艘拖船。當你與他的能量場同步時，他會把你拉入最深的寂靜水域。

我們都可以透過自動書寫進入那個寂靜水域，以遠離周邊那些失控、瘋狂、驚慌的能量。全球疫情肆虐、暖化問題嚴重、景氣越來越差，但透過自動書寫，就能在此艱難時期維持身心平衡。

你會受這本書吸引，就代表你對能量非常敏感，並對我的志業感興趣。我對能量也特別敏感，我就像膽小的鹿一樣，感覺氣氛不對勁時，就會馬上抽身。我能感受到身邊人的能量，還有土地、我們的小貓和公雞嚕嚕的振動，有什麼事情要發生時，我也會有奇特的感覺。

學員開口諮詢前，我就能清楚地感受到他們的狀態。我也可以感受到潔西卡的能量。我們兩人都是「共感人」，所以共處一室的時候很容易出狀況。不用透過語言，我們的能量就會不斷交互作用，情緒會一觸擊發。她對能量的敏感度是我的十倍，她更懂得在自動書寫中穩住自己的心，並能找出適當的時機和地點，讓我們周圍的能量緩和下來。

如何停止負面的生活模式

我一出生就傷痕累累，分娩時有產瘤，還不到兩歲頭部就有三次裂傷，成長過程中發生很多意外，最後遇上兩次生死關頭，兩側都裝了鈦金屬股骨和髖關節。我就像個災難磁鐵，很容易出事。

住在茂宜島的時候，我又發生了一次重大意外。我騎自行車摔倒，心臟前、後、上、下的所有肋骨都斷了。在病床上，我盤點了一下這些悲慘的紀錄。我不希望再有類似的事情發生了，所以得設法結束這個循環，讓這些傷痕及痛苦劃下句點。因此，我電腦上創建了一個試算表，詳細記錄了這三十六起重大傷病意外。

在自動書寫中，我問指導靈，為何我會一再受傷：「這個模式如何開始的，它對我有什麼意義，要怎麼才能結束它。」然後我收到了一些訊息，那跟我去做前世回溯時得到的一樣。在上一輩子，我做出承諾，要在經歷各種慘痛的經驗和教訓，好學習到人生的智慧。我對自己說：「給我全套！」我簽了一張靈魂契約，上頭寫著各種人身意外，經歷這些痛苦，我就能成長並學到各種教訓，最後就能幫助他人。

徹底了解這件事之後，我問指導靈：「現在可以更新合約了嗎？」從此以後，我身體就很少受傷了（除了走路會踢到家具）。

不過，要請指導靈幫助你中斷負面循環，重新擬定靈魂合約，你不需要經歷一次又一次的骨折，也不需要跌到溪底。

有些人跟伴侶分分合合，我的導師傑克就和妻子結了三次婚。有些人一年到頭都在換工作，而且越換越差。這些問題都可以詢問指導靈。沒錯，包含告白一直被拒絕、戒菸失敗等惡性循環都可以問。

每個人都有一些失敗模式和盲點，只是自己看不出來。這時自動書寫就能派上用場了，透過它，我們就能請指導靈來當教練或諮商師，看看自己為什麼會一直遇到壞男人、找不到好工作或身體好不起來。

指導靈能給予有力的協助，幫你除去無益的慣有模式。若你認清自己的生活就像電影《今天暫時停止》一樣一成不變，就透過自動書寫來找到破解的方法。

舉例來說，我進入自動書寫模式後，就會一一盤點重複出現的壞事，試圖找出規律。你可以直接問指導靈：「我有任何負面的生活模式嗎？」接著寫下時間軸，找出突出的關鍵事件，並且檢視自己是否有反覆出現的負面念頭。頭腦是生活的創造者，你的焦點在哪裡，相關事件就會不斷出現。如果你一直想著自己不會談戀愛，那麼不管換幾個伴侶，關係最終都會觸礁。

但自動書寫有助於清理這一切。指導靈可以幫助你找出負面的生活模式，並找出它們的源頭。你也可以請求祂幫助你清除這些模式。每個人都有消耗與吸收能量的模式。我們身上帶有能量，而圍繞又有其他人事物的能量，所以萬事萬物環環相扣，拉胥羅博士還稱此能量場為阿卡西場域。

此外，每個人內在都有創傷和能量傷口（energetic wound）。如果你發現自己在重複某種惡性循環，心中懷有怨念和深深的創傷，對生活的小事反應過度，那你就要清除能量模式和能量傷口，否則負面能量就會淤積。寫作、禱告、朗讀「能量清理聲明」等，有數十種清除能量傷口的方式。只要詢問指導靈，就可以找出最適合自己的方式。

當然，我們也建議你找一位教練、諮商師或能量修行者來幫忙。此外，我自己有兩個常用的能量清理法：ＥＦＴ敲打法（全名為 Emotional Freedom Technique，情緒釋放技巧）；另一個則是尼爾森博士（Dr. Bradley Nelson）創建的「情緒密碼」（The Emotional Code）。在執行ＥＦＴ敲打法前，你先唸出清理聲明，接著輕敲身體上八個不同穴位，以啟動副交感神經系統的反應。這種方法經過臨床驗證，適用於治療嚴重的能量傷口，對於創傷後壓力症候群的患者也有用。

把負面的執念當作正向行為的關鬮

每個人的腦海中都有反覆出現的思維模式，可稱之為執念。有些事情我們總是分分秒秒、時時刻刻、日日夜夜地反覆想。據說人們每天有五萬多個念頭，不知道這是怎麼算出來的。你也許擔憂未來，或是因過去的某件事而自責，覺得自己真是個白痴。孩子、財務、工作、政治、健康……生活有一大串拋不掉的煩憂。

針對這些斬不斷的思維模式，有個方法可以釐清和消除。在自動寫書中，你就詢問指導靈或光之工作者：「請問在我的腦海有哪些固定的思維模式，讓我一再做出類似的行為？」祂會告訴你答案，而且提供解決辦法。

先解釋一下，光之工作者是另一個世界的生命，祂們並非天使，而是你過世的親友與寵物，或是友善而鼓舞人心的靈體。總之，祂們是你的精神啦啦隊。

盤點的過程如下：在自動書寫時，將那些執念一一記下來，接著寫下消除或化解方法。有些人太關心政治，對局勢感到憂心，會無法自拔地一直看新聞。那麼他可以先寫下「政治狂熱」，接著寫下消除方法：「每當看新聞看到生氣時，就要馬上轉台，靜下來想一下，如何為自己或家人做一些積極正向的事情。」每當我太沉浸於負面新聞時，就會馬上提醒自己，把焦點回到既定的寫作進度或者是即將錄製的節目。這樣一來，負面因素便會成為正向的驅力。

如果你習慣責怪自己，那可以在執念欄中寫下：「罵自己白痴。」然後你再問指導靈的意見，那麼祂應該會請你寫下：「多提醒自己，你人緣很好，對人也很友善。」如果你時常在擔心工作的問題，那就寫下：「你的能力很好，你付出了很多努力，才有今天的成就。」不要依賴小我給你的意見，而是要透過自動書寫去獲取靈性的答案。

問問指導靈：「我執著的那些念頭要怎麼消除？」挑一兩個你最煩惱的項目，試著解決它們，就可以停止能量的耗損。

在每天一點一點的努力下，那個念頭會逐漸消失。你的心情會輕鬆、感覺更自在、壓力更小，不再活得像機械人一樣。在你充滿恐懼和執念的腦裡，有一隻猴子不斷在跳動，讓牠聽話，你就能找回生活的主動權，想法也會變得積極。只要多多練習，就能重新掌控你的思想和生活。

新時代教父戈達德（Neville Goddard）和我最喜歡的作家霍洛維茨（Mitch Horowitz）都說過，思想是創造者。確實，你注意力放在哪裡，就會創造相關的事物。或者換句話說，能量會流向注意力集中之處。所以請多多練習將注意力和能量放在你想要實現的目標。

拿掉看世界的濾鏡，才能發揮潛力

每個人都有一堆先入為主的想法，只用自己的角度看世界，並認為自己是對的。就像我總認為家裡冰箱沒什麼好吃的，所以看不到眼前那一大罐莎莎醬或墨西哥薄餅。幸好潔西卡不是個成見很深的人，到哪裡都可以找到食物。

指導靈可幫助你看到盲點，並設法擺脫它，讓你不再用濾鏡看世界。愛因斯坦有句名言，問題本身是由某些能量而起，但你得具備更多能量才能克服它。在自動書寫中，我們會向後退一步，不再透過主觀的濾鏡看事情，也會開放地接更多資訊，以超越我們自身的限制。

專家說，人類每分鐘都會接收數十億條訊息，但大腦只能處理幾千條（我很想知道這到底怎麼測出來）。正因如此，我們會對眼前的事物視而不見。

所以我們不只會對莎莎醬、墨西哥薄餅或燕麥奶視而不見，也會看不到眼前路過的大猩猩。搞笑諾貝爾獎得主心理學家查布里斯（Christopher Chabris）和和西蒙斯（Daniel Simons）在一九九九年做了一項實驗，他們要受試者專心投籃球跟傳球，並且記清楚次數。受試者都很專心，所以沒注意到有隻大猩猩經過他們眼前。

透過這項經典的實驗（參見他們的著作《隱形大猩猩》〔*Invisible Gorilla*〕），我們才知道，為何自己老是找不到冰箱裡那罐牛奶，也看不到眼鏡在頭上、手機在手上或是鑰匙在鑰匙孔上。因此，頭腦會自做主張，過濾掉自以為不相干的事物，但其實是被自己愚弄了。

每個人都有自己的預設立場和濾鏡，所以會畫地自限，無法發揮潛力去實現獨特的人生。有的人說自己不會畫畫，有的人說天生數學不好。還有人擔心工作表現不夠好，也沒有好好陪伴家人。有些人覺得自己手不巧，所以不愛做家事。

每當我講出這些話，潔西卡都會認真地糾正我：「這是自我侷限的信念。」她說對了，我們對自己評估與判斷，往往都只是先入為主的觀念。當然啦，假如你身高一百五十五公分，下個月要過八十歲生日，那應該沒有機會成為ＮＢＡ的明星球員了。有些信念的確無從質疑，所以才需要智慧去判斷。

檢查自己的成見之箱

想要突破局限、找到真實的自我，瓦解先入為主的觀念，可以嘗試我所設計的「開箱練習」。

有一次我在車庫裡找滑雪靴，但怎樣都找不到。那天是新滑雪季的第一天，所以我已經好幾個月沒穿過了。我翻遍車庫裡所有的箱子和收納盒，找得很仔細。我不想去問潔西卡，以免她找到時會嘲笑我。天蠍座的她知道我找東西時會偷懶，或是連找都沒找就直接問她，所以我得自己先想辦法。

我把車庫的所有角落都翻了一遍，只等好潔西卡回家的時候問她。

「你覺得靴子被偷走了？」她問。

「絕對不是。滑雪靴應該還在車庫裡。只是我的眼睛好像被矇住了，看不到靴子在哪。」

她走進了車庫，不到五分鐘，她拉出一個透明塑膠收納箱，上面標著「杯盤」，那雙靴子就裝在裡面，不用打開就能看到。因為收納箱上面標了「杯盤」，所以我沒有拉出來看。我看不到大猩猩，因為我太專心在投籃。

由此可知，想脫離生活的瓶頸，就必須去除腦中的標籤和濾鏡。我們必須擺脫預設立場，才能看到箱子裡有些什麼。因此，在詢問指導靈你的每日目標前，先盤點你的一些既有觀念。

不管上面的標籤寫什麼，我們都得先打開觀念的箱子，問問自己：「這個方法行得通嗎？自動書寫有用嗎？」這時你會發現自己有許多成見。

我和潔西卡最近也打開了箱子，所以我們開始跳脫舒適圈、以各種方式挑戰自己，包括改變《靈感國度》的節目形式。我們打開生活中的各個箱子，檢查自己有沒遺漏的事物。

我們檢查好多項目：「有必要每週做四到五集的節目嗎？」答案是：「嗯，減少時數，做兩集專訪，這樣才有時間創建線上課程。」然後，我們還詢問節目形式、採訪嘉賓的方式，甚至要不要用綠幕。潔西卡很討厭綠幕，但這些疑問都可以詢問指導靈，以獲取新穎的觀點。

透過自動書寫來提問，我們就能提升生活的品質，改變人生的方向。任何事都可以寫出來，不要覺得尷尬，沒有人會想看你寫了什麼。所有的疑惑、習慣、惡性循環、甚至壞念頭都寫出來。這需要花點時間才能習慣。但透過自動書寫，就可以解開各方面的成見，包括你對待自己、子女、伴侶的態度，還有你對工作的想法、自我評估等。你還可以檢視自己的飲食習慣和作息是否出了問題。

審視你生活中的每個領域：朋友、家人和居住環境。看看你怎麼分配時間、完成應盡的義務。跟指導靈一起檢查那個充滿成見的箱子，就能改善生活各方面的問題。

在混亂的局勢中，安定自己是第一要務

寫這本書的時候，新冠肺炎開始肆虐，我們夫妻還經歷了第三次流產。這兩個事件其實有很多相似之處。全球爆發疫情就像是遭遇流產一樣，夢想、希望、計畫都胎死腹中。預期的人生發展以及祥和平靜的生活，全都煙消雲散了。

該怎麼辦？為了自己，我們要對生命發出大哉問。從那個裝著成見的箱子裡走出來，向指導靈求助，看看自己適合走什麼路，或者需要斷捨離些什麼。我和潔西卡把所有事情問了一遍：相處關係、住家、事業、物品、汽車以及國家，但我們的小貓就不用問了。

人生發生大地震時，我們會被嚇到手足無措。這時我們得後退一步，檢視當前一些棘手的問題。透過自動書寫，我和潔西卡請天使和指導靈來當教練，幫助我們度過這段時間，療癒我們的創傷，以找出人生的方向。

幸虧有了自動書寫，我們才不會做出輕率的決定。我們的計畫都很有效，所以我們才能度過難關，繼續前進。悲傷遠去時，我們都很欣慰。我和學員們都不斷接收到兩條強力的訊息。

第一，「現在不能知道答案」。這個昏亂、充滿不確定性又讓人困惑的時期，反而對我們有益。我們唯一的任務就是專注於自身的狀態，努力找到向前邁進的方法。幫助他人是其次的任務，因為我們得先弄清楚當前的情況。就像蛹還沒破殼一樣，我們就像毛毛蟲，並不知道長大後會變成什麼。牠是用自己的酶消化自己，而某些細胞會形成眼睛、頭部，除此之外，看起來就像一坨軟泥。這就是當前個人與集體的真實狀態。

第二，「現在要開始行動」。指導靈不斷推動我們去做出巨大的改變。現在就走出成見之箱，去挑戰自己的舒適圈。

做決定時，以「愛」為出發點

有天，我和潔西卡到鎮上散步。回家時，看見晚霞發出櫻桃紅色的光芒。我們開著亮黃色的特斯拉上山，希望能看一眼那神奇的雲彩。可惜的是，我們開到山頂時，光芒已經散去。

在開車回家的路上，我正想著，生活中的一切都事出有因。沒多久，我們就找到了剛剛上山的原因。現在回想起來，我還是不知道為什麼，那時會有一隻雞在馬路上閒晃；天快黑了，風又大，車子不斷呼嘯而過。

我緩緩地將車子停靠在路邊，然後奇蹟發生了。我和那隻雞散步了一會兒，交談幾句後，就把牠帶上車了。（也許牠是世上第一隻搭乘特斯拉的公雞。）問題在於，帶牠回家後怎麼辦？於是我透過自動書寫來尋找答案，看看怎麼照顧這隻雞。

這聽起來很瘋狂，但指導靈可以回答任何問題，包括如何照顧一隻任性的公雞。牠的名字是嚕嚕，動物溝通師告訴我們，牠是我們的家人，會陪我們度過一生。

在所有靈性工具中，自動書寫最有助於我們做決策。指導靈會回答所有的問題，並指明方向。除了怎麼照顧公雞，當你陷入困境、找不到方向或偏離正軌時，都可以用自動書寫來找答案。這個活動能幫你放下理性。愛因斯坦說過，任何問題都因某些能量而起，但你得具備更多能量才能解決它。

想像一下，我們被關在一個箱子裡，裡頭有一張紙寫著：「說明印於外側。」我們選擇了自己的生活，但得從這個箱子裡走出來，才能看到實際的情況，並設法脫離困境。自動書寫可以幫助你，因為它是連接靈性世界的工具。

透過自動書寫，你能夠超越自己，變得更有智慧，更高層次的生命會設法幫你。你的大腦思惟，也就是小我和自我，只會帶你走到充滿恐懼的地方。它想保護你，所以把你關在箱子內，但結果卻害到你。

許多精神導師都會要你擺脫小我、超越小我，最好把它清除得一乾二淨。但我深愛自己的小我，我想與它和好，與它當朋友，並向它學習。小我是你那受傷的內在小孩，為了保護你的安全，不得不一直恐嚇你，導致你一直躲在舒適圈當中，深怕會失去工作、收入和房子，而不敢走出光明的人生。

但是，只要透過自動書寫，就可以請指導靈來幫忙，設法解除小我的擔憂。許多學員都因此找到新工作，生活也有所改善。人生的重大問題，不管是面對死亡、離婚、財務規劃、搬家等，你想得到的都可以。

處理人生大事以及做決定的時候，不應該以恐懼為出發點，而是愛。為了解決問題，我們會進行腦力激盪，但這時以恐懼為核心的小我會介入，最後我們會得到保守的解方。透過自動書寫的話，指導靈不會有偏頗的立場，而是以愛為出發點，所以你會得到圓滿而中肯的答案。

所以做決定時，關鍵在於選擇「恐懼」還是「愛」；身心感覺「輕盈」還是「沉重」。不斷練習自動書寫，你就能培養這種識別能力，改變你往後做決策的方式。

將恐懼轉化為助力

向指導靈求助前，我們內心都會很困惑，各種擔憂在腦海中翻來覆去。為什麼？因為從小到大，大人們都說恐懼是不好的情緒，但它也是一種能量。恐懼也有正面的作用，可說是很好的工具。過馬路時，你會保持謹慎，觀察道路上的情況，以避開迎面而來的車輛。這就是恐懼的用途。

不過，如果在車潮中遲疑、退縮或是僵住不動，這就很危險了。我們可以用自動書寫來建立正向的恐懼感，幫助你做出更好的決定。過程中，你可以擁抱恐懼，和它們相依偎，這是心靈導師拉姆・達斯（Ram Dass）的說法。

恐懼的英文是FEAR，我們也可以解釋為「重新調整後的興奮感」（feeling excitement after realignment）。以不同的方式看待恐懼，甚至於翻轉它的定位，就是「重新調整」，讓它變成強大、有效、正向的燃料。過馬路時，左看右看，確認沒有危險，就可以平安地穿越馬路。

恐懼和焦慮是偽裝的興奮感，或者說缺乏審慎考量的興奮感。小時候，我們總是興沖沖地要去做某事，然後大人總說那很危險，要小心。於是我們就猶豫了，行為動機便蒙上恐懼的色彩。不過，只要能清楚了解它的本質，它就會變成助力。

衝去玩溜滑梯前，的確應該小心注意遊樂設施的狀況。客觀地評估情況，了解自己在擔心什麼，那麼恐懼就會變成助力。

以運動為例，參加過路跑或體人三項的人就知道，站在起跑點時，腎上腺素在血管中奔騰，令你緊張又害怕，彷彿蝴蝶在肚子裡飛來飛去。但當槍響的那一刻，感覺就好多了。那是能量在身體醞釀，準備幫助你跑步。當你開始邁出步伐，恐懼便立即轉化成了興奮的心情和審慎的觀察。

我的朋友卡蘿說：

二〇一八年十一月，我準備開設播客節目和部落格。當時我離開待了二十年的大企業，陷入嚴重的自我懷疑與否定中。我憑什麼創建網路社群？我有能力主持節目嗎？我文筆那麼差能寫部落格嗎？這些問題在我腦海中盤旋，恐懼感抓住我不放。我深怕犯錯，於是求助於高靈，就像每次遇到疑惑時那樣。我接收到許多訊息，當中的關鍵字就是信任與支持。我的高靈團隊解釋說，要學習接納現況，就沒什麼好擔心的了！

審慎展開行動，焦慮就會自然化解

再次強調，恐懼是沒有經過審慎思考的興奮感。在起跑線上，每個人都會感到恐懼，一旦你開始向前奔跑，朝著目標審慎地邁出步伐，感覺就會輕鬆很多。為什麼？因為這時你會把焦點放在目標與方法。

因此，我們不能同時追求兩個目標。有人會參加路跑完去談生意嗎？情況應該會一團亂。你擔心無法完賽，又一邊想著要跟客戶怎麼談。跑步可以消耗掉一些緊張的能量，但結束後還是會很焦慮。

恐懼和焦慮是帶你朝向目標的箭頭。當你專心一致時，恐懼和焦慮就會轉化成正向的能量，提醒你採取審慎的行動。如果你一直分心，那只會消耗能量、裹足不前，而恐懼會一直跟著你。

你可以在自動書寫中詢問指導靈：「這種恐懼是阻力還是助力？」

以前，我非常害怕拍攝十分鐘的YouTube影片，但我不清楚那到是偽裝的興奮，還是內心有什麼創傷。於是我向指導靈詢問：「這種恐懼為何而來？」事實上，原來我很期待拍片，覺得是一種新嘗試，不但可以實現夢想，還能化解一些不安和心理障礙。

人生有許多階段：清理、療傷、自我重塑、重新出發，無論何時，指導靈都修復你的傷口，陪你褪去舊羽、脫去舊皮，最終迎來全新的自己。生命真美好，只要配備心靈的GPS，就能走出自己的路，和恐懼相依偎，進而擁抱全新的自己。

掙脫枷鎖、勇於追夢

不管是哪種類型的恐懼，都可以向指導靈詢問化解的方法，不過一開始你的小我會發脾氣或反擊。這些沉重、令人生畏的問題都可以提出：

- 這段關係應該繼續下去嗎？
- 該離開這份工作嗎？
- 孩子會什麼都不聽話？
- 搬家是個好主意嗎？現在的住處有什麼問題？
- 關於這個重大的決策，我有漏掉什麼細節嗎？

這些問題都可以請教指導靈，百無禁忌，任何敏感的議題都可以談。就像先前提到的開箱練習一樣，挖出你腦袋的各種念頭，在指導靈面前，可以坦白、誠實、無須躲躲藏藏。如此一來，你才能實現偉大的夢想，解除你給自己加上的鎖鏈。勇敢揭開內心最大的恐懼，正如蘇菲派詩人魯米在八百年前所說的，「傷口是光芒照入之處」。

最重要的是不要畫地自限。每個人出生到這世界上，都是為了追求遠大的目標，因為我們都來自神聖源泉，而那裡有無限的可能。指導靈會鼓勵你去追求遠大目標。每個人內心都有股衝動，想實現某個夢想，但總是拉住自己，裹足不前。你躲在安全的角落，不斷對自己說：「我哪有能力做那些事？」所以你不敢創業、不相信自己會更富有，更不相信自己能影響大眾。

指導靈會鼓勵你去做大事，祂總是對每個人說，只要你勇於面對恐懼，堅定地邁向人生的道路，就能找到命中注定的使命，進而成就非凡的人生。

無論你做出什麼決定，你都能接受宇宙賜予的贈禮。你值得擁有精彩的人生。你是最神奇、最美好、最了不起的人，生活一定會收穫滿滿，只要你敢動筆詢問那些重大的問題，然後馬上行動。人生就像「兩步舞」，第一步是詢問並歡喜接受指引，第二步是採取行動。

慢慢來，比較快

先前談到，自動書寫對做決策很有幫助。除此之外，生活中大大小小的改變也可以求助於指導靈。

以當前的局勢來看，我們正從清理走向重整。前所未有的挑戰和變局不斷出現，這就是新冠疫情造成的影響。

就心靈層面來看，在這段時間，個人和社會多年來刻意掩蓋的事物都會浮上來，被宇宙清理及治癒。多年來的傷痛與無益的習慣都會被清掉，新生活會取而代之。就像錄音帶消磁後，就可以錄製新的音樂。

問題在於，哪些事情要改變、那些要保留？

「人生大地震」發生時，我們都會充滿疑惑，不知道出了什麼狀況，為什麼生活無法回到常態。接下來要做出什麼改變，才能感到快樂、平靜而有安全感，生活怎樣才能回到正軌？

想想幾個關鍵問題。你可以問指導靈：「生活中有哪些事情可以改變？」這是個強而有力的問題。或你也可以問：「哪些事情對我有益？」而我常提出的疑問是：「我是否漏掉什麼重大的改變事項？天使們，請幫我找出盲點，因為我的擋風玻璃起霧了。」

除此之外，我也很常詢問：「大天使，我的步伐是否偏離了人生方向？」這個問題的影響力不容小覷。在天使的解釋下，你才知道為何有時過得很順利，彷彿有如神助，但有時就是諸事不順，像自行車鍊條卡住一樣。

指導靈總是告訴我，「舒適安逸」是卓越成就的敵人，是個人進化的絆腳石。我相信，疫情造成許多事情停擺，是大地之母按下緊急按鈕、阻止世人駛向懸崖。在這個時期，個人及社會可以重新評估一切，進而修正各自的航線。

在不知不覺中，我們會陷入了自動駕駛模式，生活過得像機器人一樣，還有一堆無益、無效的習慣。唯有解除這個模式、駛離高速公路、轉向蜿蜒曲折的山路，才能找到新的生活方式。

指導靈可以幫助你走出舒適區，讓你體驗全然不同、充滿新鮮感的世界，那才是生命能量的所在，並為你帶來嶄新的生活。你會不斷受到刺激，被逼著擺脫既有的行為模式，並試著學習不同的事物，拓展自己視野。我們是習慣的生物，想要像機械一樣不動腦就完成所有事務。除非我們採用另類、有挑戰性的生活模式，不然再怎麼自我反省或只是人云亦云，我們還是會得到同樣的答案。

在自動書寫中，不斷挑戰自己的習性與慣性，就會得到不同的答案，並看到全新的生活方式。這一點都不難。以前我們像希臘神話的薛西弗斯一樣，不斷把石頭推上坡。但現在我們學會進入心流狀態，並改變麻木的生活態度，所以靈性、情感和身體素質都跟著提升了。

我總是鼓勵人們去上層房間（the upper room，稍後會詳細說明），並在最高層次上振動。指導靈的確會給你直截了當的答案，不管你在任何時候發問，祂都會給你現成可行的解方。但隨著你身心靈進化，能夠在更高層次上振動，就會得到更有靈性和智慧的答案。指導靈給的答案都有用處，但為了幫助你前進，祂會考慮你的承受能力，在不同階段給你適宜的做法。

我的學員貝琪說：

就在生活焦頭爛額之際，我報名了自動書寫的課程。我想拓展我的通靈能力，以及滿足自我期待、增加自信心。一開始，我試著連結到高我和潛意識，也不知道會發生什麼事。我只是一遍又一遍地寫下內心的疑問，也不強求答案會出現。不久以後，某個字眼、某句歌詞會突然出現，並點出問題的關鍵處。我是個苦幹實幹的人，只知道做事，不知道何時該停手，也沒有自我滿足感。指導靈不斷告訴我，「慢下來」、「一步步來」、「你做得很好」。祂也提醒我，要多多關心孩子，傾聽是最有用的教養方法。指導靈帶給我許多安慰，也提供有效的建議。

有些人老是黏在沙發上，沒有向前邁進，也不嘗試不同的生活方向，因此能量沒有在體內循環。指導靈會幫助你踏出每一步。挑戰自己、走出舒適區，每天都有新的學習，你就會充滿活力。指導靈會提供具體的方法，幫助你前進。

我喜歡對指導靈說：「為了我們所有人的幸福和圓滿，請提供我答案。」當你身心處於較低的振動狀態時，就需要嶄新的做法和觀念來幫助你前進。「不同」是關鍵詞，修行的道路上沒有好壞，沒有誰高誰低，每個人的狀態與處境都不同。

努力活在當下，該轉向的時候就放慢腳步，這就是向前邁進的含意，而一路上指導靈都會幫你。

遇到瓶頸時，就小步前進就好，以維持能量流動。我鼓勵學員求助於善良又有愛的指導靈，而祂總是不帶偏見，會提供最有效益的步驟。因此，想要脫離瓶頸，就要讓能量流動起來。

每一天都有不同的嘗試，並且詢問指導靈：「為什麼停滯不前」、「這背後有什麼意涵？」以及「最有效的步驟是什麼」。

透過自動書寫，我學到很重要的一課：與其「突飛猛進」，不如「積少成多、積沙成塔」。唯有一點一滴地努力，才能養成持久的習慣。每天提早起床五分鐘起來練習自動書寫，每次十五分鐘，你就會有新的神經迴路，大腦中會有一條髓鞘高速公路。養成習慣，你就更容易進入自動書寫狀態。

相反地，如果你只是「三天打魚、兩天曬網」，或是只在週末練習一整天，當然這樣也會有些許效果，但沒有一致性，就無法養成習慣。更重要的是，只靠意志力來做事，很快就會筋疲力盡，沒多久你就會半途而廢，不再願意嘗試。

因此，設下各種微小的成功標準，就能朝終極目標前進。每天往前一小步，有天就會走到山頂。今天、明天和後天都穩定地走。大自然花了數十億年才一點一滴創造出大峽谷。每天有條不紊地做出小小的改變，想要的生活就一定能實現。

透過微小的步驟和達標點，我和潔西卡創建了自己的播客節目和網站。《靈感國度》開播時，我們兩人都默默無名，想邀請嘉賓上節目，都要寄上二十封電子郵件、好多歹說才能成功。發送電子郵件、約嘉賓、撰寫腳本、錄製、剪輯、發布，這些工作令人筋疲力盡，所以必須一次做一點。許多播客節目一開始衝很快，但沒多久就無以為繼了。

幸好我們沒有那麼做。相反地，我們採取了緩慢卻穩定的策略，一點一點地開鑿這座龐然大山。我們將工作安排得井然有序，並擬定周全的計畫，緩慢而穩定地建立了永續發展的事業，而且版圖還不斷擴張。就如俗話所說，欲速則不達，在《赤腳跑步》的封面上，我們也寫下了指導靈的建議，「慢慢來、比較快」。這就是工作無往不利的祕訣。

能量停滯時，就起來多運動

運動、自動書寫以及脫離瓶頸有什麼關係？請聽我娓娓道來。遇到瓶頸時，代表能量沒有在體內循環，它停滯了，積成一個水池。身體就會不舒服、受傷和生病。那該怎麼辦呢？

透過自動書寫，我們詢問指導靈：「如何讓能量流動、身體更有活力？」也就是說，我們要設法找回心流狀態。方法很簡單，多多運動。

不過你應該會很好奇，自動書寫是靜態的活動，包括冥想和祈禱，那跟運動有什麼關係。但我真心建議，每天完成自動書寫後，準備出門上班前，至少做五分鐘的運動。

靈修人士常常忘記，身體和心都需要修煉。他們總說：「我要提高自己的精神層次。我要吸收宇宙的能量、學習煉金術、用吸引力法則實現夢想。我要學習瑜珈、打開脈輪、獲得拙火的能量。我要不斷打坐，等待頓悟。」

這些方式都很好，但是我們以人形出生到這個世界上，有肉體、有血脈。身體是肉做的套裝，雖然是借來的，但還是要保養，才能在這大世界中到處玩耍。因此，我們要學著調節能量，從東方的角度來看，也可以說是「氣」。

運動會影響思維、心靈以及各器官的運作，想要脫離生活的瓶頸，一定要有強健的身體。

當然，你不必參加《極限體能王》，也不用把自己訓練成阿諾。只要多多散步，徜徉在大自然中就好。

練習自動書寫並與指導靈建立連結後，就會不時收到靈性的訊息，特別是在自然環境中。安安靜靜地散步，指導靈的聲音會越來越清晰，其他的雜音會自然被隔絕。

當然，用跑步機也不錯，但在自然環境中行走，真真實實地踏在土地上，體驗會更深刻。不管你從事哪種運動，身體都要移動一段距離。這麼一來，你才能暫時遠離當前的困擾和煩憂。除此之外，可以嘗試太極拳、氣功這些神奇的活動，對能量流動特別有效。

現在就放下書本，到外面去走個十分鐘，看看感覺如何？每當我埋頭準備專訪內容、思緒卡住時，就會直接走出門外，沿著車道朝山下走個一百公尺。然後我會停下來看著遠方，心想：「我的天啊！這座山真雄偉。」然後轉身走回家。接下來靈感就來了，因為能量開始流動。

上班的時候，你可以試著爬樓梯，走到另一個樓層上廁所。或是趁午休時走到停車場、在街上散步再回來工作。找到適合活動的地點時間，能量就會活絡起來。

指導靈是你的個人助理，幫你規劃一天的行程

自動書寫是一把雙面刃。起床後精神太好的話，你就聽不到深刻的智慧之言，只會寫下當天的待辦清單。表面上看來是壞事，但其實你可以善加利用這點。

試想一下，如果有個神奇的個人助理，可以隨傳隨到，就像 Siri 一樣，那該多好？沒錯，透過自動書寫，你就可以有位靈性助理。每天早上（或睡前）在進行自動寫作時，就可以請指導靈幫你安排一天的行程。

在一天之始，自動書寫能帶給你強大的能量，讓你做好準備，迎接充滿挑戰性的一天，讓你在工作中保持高度的專注力，處於心流狀態。因此，在確定「今天要全力以赴的目標」後，你就可以詢問指導靈：「今天第一件任務是什麼？」、「有什麼事情需要完成」、「順序要怎麼安排」。

當你還在自動書寫狀態的時候，就打開你的行事曆，隨著高齡的指示安排一天行程。

這時你的思路最清晰、精力最充沛，能理出今天的重要事項。指導靈會幫你決定事情的輕重緩急。過去我常常手忙腳亂，靠著自動書寫才有些頭緒。

進入自動書寫狀態時，你能清楚地看見一天的時程，讓你更容易在行事曆上調整工作事項。指導靈會幫助你決定優先事項，還會定時通知你時間到了。

不管任何時間，你都可以設法進入自動書寫狀態。比如工作陷入瓶頸、找不到靈感時，就可以靜心冥想一下。雖然每天有既定的任務，但總會出現突發狀況，這時你可以聽一分鐘的 θ 波音樂，寫下禱告詞，然後問指導靈：「接下來我要知道什麼訊息」、「如何處理這些相互矛盾的狀況」、「時間有限，該怎麼安排這些事情的順序」、「今天工作結束前，最關鍵、最重要的任務是什麼」。

指導靈無法把一天變成二十五個小時，但祂能幫助你完成更多工作，減輕你的壓力。在這個過程中，你不會失去信心，也不會忘記要善待自己。祂是一位和藹可親的祕書，祂總是在你身邊，隨時都在等你召喚。

我們很容易被恐懼的情緒所淹沒，變得不知所措，但指導靈能幫助你擺脫困境。我和潔西卡一次又一次靠著自動書寫度過難關。我們學會重新啟動引擎、讓能量流動，不論是生活、節目、事業和財務狀況，都朝著正向的發展前進。

學員開始練習自動書寫後，都能找回強大的前進動力和正面的生活方向。只有一個問題，他們太開心了，忍不住要完成很多夢想。這時指導靈就會以和藹可親的態度提醒他們，先弄清楚人生的使命與義務、安排好順序再開始行動。而他們的身心能量真的提升了！

第十一章

情緒緊繃時，
不妨透過自動書寫來放鬆

Writing

即便尚未收到任何智慧之言，你還是會因為練習自動書寫而感覺身心放鬆了，這是因為你的能量頻率穩定下來了。

走到上層的房間

想像一下，從更高的視角、制高點或能量層級觀看人生會如何？在那裡，你的行動是源自於純粹的愛，不帶有批判。自動書寫可以幫助你到達那個境界。當然，不是一夜之間就能讓你到達，而是一天一天地往上爬。你每一次進入自動書寫狀態，都是在提升你的振動，讓你通往那個上層房間。

我第一次聽到上層房間，是從通靈作家保羅・賽利格（Paul Selig）那裡得知的。賽利格寫的許多暢銷書：《我是道》（*I Am the Word*）、《超越已知》（*Beyond the Known*）、《實現：通靈訊息》（*Realization: A Channeled Text*）及《煉金術：通靈訊息》（*Alchemy: A Channeled Text*）。得知這個觀念後，相關的訊息變開始日復一日出現在我的自動書寫中。在高靈的指引下，我已經能夠到達上層房間，在那裡待很久，並保持更高的存在狀態。

要如何去到上層房間？方法很簡單，許下承諾，要以不同的方式看待世界，並轉化自己看見的能量。

作為一名煉金術士，我總是不斷地在轉化周圍的能量。對我來說，這就是去到上層房間的意義。我將自己周遭較低層級的能量，提升到更高的狀態。而我自己的能量也提升了。

這一切都始於對高等生命做出承諾。方法很簡單：發誓。話語是有能量的，我們所說的話，對宇宙有強大的影響力；寫下來的話語影響力更大，它們帶有能量，並成為實質的存在（紙頁上的文字）。就像前面所說的，注意力在哪裡，能量就會流過去。寫下承諾後（不要只是在心中默念），齒輪會就定位，外在世界的樣貌與本質就會開始轉變。

心智是創造者。寫下誓言後，你便邁出一大步，準備創造充滿能量的新世界。

接下來，請寫下這段誓言，用詞文句可以稍微修改，但不要偏離太多：

我發誓，在任何一種情況下，我都會找出最好的一面。首先，我會先找出自己最好的一面。我因愛而生，我就是愛，我會透過愛的濾鏡來看世界。我會走到上層房間，讓自己充滿愛，並在最高層級振動。我是自由的，謝謝祢。

這段話意味著，愛是每個決定的出發點，而不是恐懼。以不同的方式看世界，盡最大努力接受每個人的樣貌。他們都是你的家人，如兄弟、母親、姐妹、父親一般。不管處於何種情況，都要找出當中隱藏的助力，不要執著於這些事發生的原因。

發誓後，代表你想去上層的房間。你設定了意圖，即每天都要提高自己振動頻率。腦袋裡的負能量是會傳染的，我稱之為負能量流感，這不僅會從一個人傳染給另一個人，而且會從一個細胞傳給另一個細胞，從一個念頭傳給另一個念頭……無限循環下去。當然，你也可以散播正能量的病毒。既然你決定要去到上層房間，所以當你沉浸在自動書寫中時，你的正能量就會變得具有感染力。

有一個美洲原住民的寓言故事我聽了好多遍，現在值得再講一次：

祖父告訴孫子說，他的肩膀上有兩隻狼，一邊是好狼，另一邊是壞狼。他說，這兩隻狼一直在戰鬥。

那個孩子問道：「爺爺，哪隻狼會贏？」

祖父回答：「你餵養的那隻。」

這真是關鍵的答案。當你做出承諾，每天都要練習自動書寫，身心就會有所轉變，能量也會提升；你是在餵養那隻好狼。

相反地，一旦你放棄自動書寫狀態，就會專注於負面的事物，陷在「無價值的負面刺激」中。餵養腦中的負能量，就會降低自己的振動頻率，周圍的世界就會發生變化。餵養好狼後，看到的事物會更美好，遇到的狀況會更平和，吸引到的人也更友善。

餵養壞狼的話，雖然不至於吸引災難到生活中，但只能從自己的振動層級去觀看人生，生活會變得毫無樂趣。除此之外，還會聽不到高靈的話，收到不到祂的指引。因此，多多餵養好狼，生活中的一切都會改變。

因此，當你把心力放在負面的事物、思想消極，每天處於一片愁雲慘霧中，就一定要求助於指導靈。否則許多人每天沉溺在「末日狂滑」（doomscrolling）的活動中，不斷在手機或電腦上瀏覽負面新聞，把自己拉進悲傷和憂鬱的深淵。

請詢問指導靈，為什麼你會去餵養壞狼，該怎麼做才能走出沮喪和絕望。我們常常沉迷於負面的事物。《大腦快樂工程》（*Hardwiring Happiness*）作者瑞克・韓森（Rick Hanson）博士表示，人類大腦的主要功能是要偵測危險情況，留意突然撲過來的猛獸。為了確保自身的安全，我們DNA中有內建這個程式。但麻煩的是，大腦一直在找尋威脅，所以總是處於高度的警覺狀態，所以充滿了各種負面的訊息。從本質上來說，這是為了保護我們的安全。

不過，現在你可以把負面消極的情緒交給指導靈，請求祂幫助你擺脫它們，並學習重新連上正向積極的態度。

向高靈請求幫助，就能找到自己的盲點以及藏在負能量流感中的病毒，然後設法挑掉它們。有些人擺脫負面情緒的方法是戒掉垃圾食物、避免看太多電視新聞。有些人則是學著隔開他人的負面情緒，也不再浪費時間於「末日狂滑」。

你可以走到上層房間，也可以任由消極負面的事物打擊你。下次看新聞時，你可以問自己，那些內容帶給你什麼感覺？你有覺得深受啟發嗎？「哇，我覺得人生一片光明！」當然不會，而是像被拖進爛泥中那樣苦悶。

發下誓言，去到上層房間，並向指導靈求助，設法拋棄那些令你情緒低落的生活習慣。

療癒根深蒂固的心理創傷

剛才談到日常負能量的攻擊與威脅。但要治癒根深蒂固的心理創傷，就需要另一套方法，因為它們已對你造成深遠的影響。

這麼說好了。有時我們與伴侶或親友發生爭執時，會突然失去理智，而你不明白為什麼那件小事會引起如此傷人的情緒反應。

有些人總是半途而廢，不斷在換工作。有人每次看到朋友遲到，就會大發雷霆。有些人永遠無法準時赴約。或許，現在的你也覺得每個人都在貶低你，而過分在意別人的批評。這些負面的生活模式會不斷出現，除非你的創傷被清除。

我以前不管做什麼，總是覺得自己做錯了決定。而潔西卡總覺得自己的意見沒人在意。說到底，每個人都有一些心理創傷。

英國婦產科醫師諾思魯普（Christiane Northrup）說，有些人就像「能量吸血鬼」一樣，但偏偏我們就離不開這種人，包括沒禮貌的約會對象、脾氣差的老闆等。他們只會帶來負面影響，吸食我們的精力。但不管你怎麼改變，這種人會一直出現在生活中，除非你能學會清除自己的能量創傷。

每個人都有自己的情緒觸發點。學習自動書寫後，我們就不再那麼敏感，也不會再被情緒綁架，但這些底線不會消失，它們的存在是為了讓我們成長。

再舉一個有關例子來說明自動書寫的效用。我以前很討厭做YouTube直播，一想到就嚇得講不出話，因為我內心深處有某個創傷尚未被處理。後來我對自己說：「沒關係，沒事的。讓我們透過自動書寫來理解這個狀況。為什麼我會有這種感覺？這是怎麼一回事？這些情緒觸發點是哪來的？」

然後我向指導靈求助，我寫下這個煩惱，並坦承自己的恐懼。現在我很喜歡進行YouTube直播，口條也變好了。指導靈幫我去除恐懼了。現在，即使我連線前沒有做好充分的準備，只要求助於指導靈，靈感就來了。

所以，如果有個人老是讓你很不爽，但你不知道為什麼，那就不用再感到尷尬或羞愧了。你坦白地詢問指導靈：「為什麼這個人老是會觸發我的負面情緒？這意味著什麼？我能夠從這個狀況或他身上學到什麼？搞不好這個人是我現階段的老師。」用正確的方式提問，才能找到問題的根源。

你可以接著詢問，有沒有任何思考或寫作上的練習法可以去觸及這些創傷？拉著那條人生的黃金之線，一一盤點你的創傷，走到盡頭時，你就可以放自己自由了！

我以前老是害怕會搞砸工作，像是YouTube直播專訪。透過自動書寫，我才從這個恐懼中走出來，指導靈給了我一個基本的真言，你可以用用看，也可以去求取你專屬的真言，而且不用付錢給某個宗教大師。我的真言是：「我很好、我很棒、我很善良。」以前一到了晚上，腦袋就想嚇唬我，告訴我事情又搞砸了，這時我就會對自己重複這句真言。

重複自我肯定的真言，就好像給自己一個大大的擁抱，或是進行心靈按摩。在睡覺前做這件事，起床時會更精神好。一旦你發現自己創傷是什麼（透過自動書寫可以得知），那就問這個問題：「該怎麼做才能清除它？」

除此之外，EFT敲打法、情緒密碼，聽鼓聲進入薩滿旅程等技法，都可以處理根深蒂固的創傷，但是這些做法已超出了本書的討論範圍。無論你要用哪種方法處理創傷，重點都在於清除能量傷口、重整潛意識以及削弱消極負面的態度。

我的學生蒂娜分享了一個非常私人的故事：

> 丈夫去世後，我偶然發現了自動書寫法。那時，身陷悲痛的我開始寫下絕望

的心情，以此排解痛苦。後來，紙頁上開始湧出詩歌及意義深遠的智慧之語。它們不像是出自我的手，但卻是治療我靈魂的良藥。到現在，我已經用了好幾十本十元商店的作文簿了。

對我來說，為自動書寫創造一個神聖的空間非常重要。我選擇了一個靠窗的角落，那裡可以看到院子外的自然保留區。隨著時間的推移及習慣的養成，那裡成為我與高靈對話專用的神聖空間。現在，當我進入那個空間時，就會察覺到一股強烈的能量。我立即感覺到我的高靈出現了。靈性訊息開始出現時，我會聽到嗡嗡聲，就像有股頻率通過我的耳道。

其實，我第一次寫下悲痛的心聲時，也遇到這種情況。我以為耳朵出什麼毛病了，還去看了醫生，想確定一下是不是耳鳴。那股嗡嗡聲的強度大到令人作痛。醫生確定我的身體沒有毛病。我馬上意識到，自己正在經歷靈性上的轉變，接著那劇烈的嗡嗡聲也減弱了。我現在明白，那個疼痛是恐懼所導致的。當時我以為自己的心碎裂了，但後才明白，是心門被打開了。

克服恐懼和焦慮

如果你老想著要取悅所有的人，神經系統變會過度運作，出現戰或逃的反應。當你發現無法取悅每個人，並覺得非常難受時，便會陷入恐慌的狀態。這時自動書寫能派上用場嗎？

舉例來說，在新冠肺炎疫情爆發之初，全球陷入了恐慌當中。我個人並不認為，那段時期應該感到絕望和沮喪。我相信，集體的人生大地震是必須的，那是為了擺脫舊有的束縛，好開創新時期。百年來，人類的各種建設都不是永續性的。我們已經走到了大時代的盡頭，不能再生活於貪婪和腐敗中，不能再剝奪地球資源。大地之母按下了巨大的緊急按鈕，要重新設定地球的運作模式。而指導靈告訴我，改變的方式很多，簡單或困難的都有，但我們經常選擇後者。

心情煩悶、難以做出抉擇時，就去求助於指導靈。敞開心扉、跟祂分享心事、坦白說出難過心情。只要鼓起勇氣，祂就在身邊支持你。準備幫助你。指導靈會帶你縱觀大局，統整混亂的局面，並防止你把自己搞得痛苦難受。我希望有一天我們的領導者能學習自動書寫，當他們能從內在智慧收到訊息，問題就會變得更清晰，便會開始以更大的善意和同情心行事。

因此，當你感到擔心、壓力大、焦慮、難受或沮喪時，請將這些情緒帶到自動書寫中，並詢問指導靈：「這是怎麼一回事」、「這個情緒是哪來的」、「這個情緒給我有幫助嗎？」最重要的是，尋求治癒、克服或舒緩創傷的方法。

我時常在擔心會把事情搞砸，但有時卻太感敏了。這種情緒爆發時，我會感到很害怕，便需要進入自動書寫狀態來穩定身心。我會問指導靈：「這是怎麼一回事」、「我沒有處理好這個創傷嗎」。有些創傷一輩子都不會消失，但反而會成為我們的羅盤。雖然如此，我們還是可以設法讓它變小。所以，我會在自動書寫中提起內心的創傷，按下投降按鈕，將自己交給指導靈。前面提到，我會把指導靈當成治療師，祂會告訴我該怎麼做，要怎麼療癒那些創傷。

有時指導靈會給我一個真言，或要我重新定義自己的恐懼。針對正在發生的事情，祂也會提供宏觀的視野。若要擺脫恐懼、再次看到光明面，並相信世界與自己會度過難關，宏觀視野會很有幫助。

所以，你還在等什麼？

化解恐慌的心情

腦袋一片混亂時，真是會讓人手足無措。若你可以戴上耳機、拿起日記本並進入自動書寫狀態，感覺就會好很多了。指導靈會讓你快速平靜下來，並提供宏觀的視野，幫助你看得更遠，不再受神經系統左右，而深陷擔憂或驚慌的心情中。

當然這不太容易。每當我們情緒激動，神經系統過度運作時，你一定不想戴上耳機、拿起日記本開始書寫。但如果你好好坐在椅子，說服自己開始冥想，天使就會突然出現並包圍著你，讓你的心靈變清澈，然後身心就會舒服很多。如果你此刻被迫要做出某個重要決定，那不妨求助於指導靈，這樣不但能獲得指引，還能喘口氣。（如果可以的話，最好還是慢慢來，這是我的人生信念。）

脫下憂鬱的罩袍

我開始研究自動書寫後才知道，早在榮格和佛洛伊德的時代，心理學家就非常重視這個技術。在一百五十多年前，為了連接潛意識、療癒創傷、化解焦慮及憂鬱的情緒，他們會使用自動書寫來深入患者的心靈世界。

我不是精神病學家或心理學家，但我見證了自動書寫帶來的奇蹟。首先，一些焦慮、緊張的學員在練習自動書寫後，慢慢恢復安全感，可以放下警戒狀態並融入生活，可說是完全變了個人。

說到憂鬱，我也見證過自動書寫帶來的驚人成效。我不是專業的靈媒，也不敢自稱有那樣的能力（那是另一門學問），但我看得出來，憂鬱的人身上有罩著無形的黑色罩袍。他們開始練習自動書寫後，罩袍便逐漸消失，顏色越來越淡一點，直到完全消失。之所以有這種成效，原因不在於指導靈給了什麼指引，而是他們和高等生命聯繫後，身心的振動頻率調和了，能量也跟著提升。

透過自動書寫，憂鬱的人獲得希望和新視角，那是無價的禮物。有些人總說，自己正在和憂鬱戰鬥。但我相信，你越是抗拒某事物，它的生命力會越強。正如敵人在你的肯定下，會變得更強大。如果你受憂鬱情緒所擾，不妨把它帶到自動書寫中，去尋求高靈的協助。你不會突然收到深刻而有智慧的訊息，但堅持幾個星期後，就會發現身心放鬆了。這麼做你不會有所損失，頂多是那件黑罩袍？反正它也不適合你。

第十二章

學會臣服，就能顯化夢想、吸引你所渴望的事物

Writing

想要實現夢想的未來，過著無所畏懼、光明燦爛的人生，讓自己做夢都會笑，那麼自動書寫是最棒的方法。

你可以透過很多方式實現夢想。舉例來說，想像你現在處於夢想中的未來。還有一種神奇的方法，就是在自動書寫時寫一封信給自己。但這封信不簡單，它充滿了能量和力量，最重要的是，它是來自未來。為了尋求指引，我們可以召喚天使、指導靈和已故的親人，也可以召喚未來的自己。

召喚未來的自己，就能預見自己將走過的道路

從未來寫一封信給自己，就可以化解負面的潛意識訊息，把美好的事物吸入現在的生活。你還可以藉此了解，要到達那個目的地，走哪些路徑才會更輕鬆、對所有的人傷害最少。

你可以召喚未來五年、十年甚至二十年後的你。

愛因斯坦證明時間不是真實的，當然也不是線性的。他用 E = mc2 這個公式解釋了一切。基本上，時間存在於每個地方，所有的時間會同時發生。你的未來並非

一成不變。而是有多種可能性。而且，未來的你已經存在，並且知道跟你有關的事情，包括那些尚未發生的。

根據迪恩．拉丁博士等學者的研究，「時間箭頭」比我們所想的更靈活，所以我們可以用自己的心智來探索即將發生的事。有些人在事情發生前就能知曉一切，這種能力就是預知（precognition）。從統計數據來看，跟預知有關的實驗已達到「六標準差」的程度。根據麻省理工學院的說法，六標準差表示，實驗結果只有五十億分之一的機率是僥倖。

由此可知，從科學上來講，我們可以與未來的自己取得聯繫。而透過自動書寫，就可以寫信給未來的自己，詢問各種你感興趣的問題。

因此，直覺和天使及指導靈有關，也和未來的自己有關。如果你問了某件事情後，就立即感覺到肚子一陣刺痛，或感覺被揍一拳，那就是未來的你在拍打、叫醒你。當然他也會讓你感到興致高昂、能量滿點。對潔西卡來說，未來的自己常常鼓勵她「做就對了」，並賦予她無比的能量。

所以，只要提出問題，未來的自己就會給你指引，還會幫你描繪未來的願景，以及實現的方法。

這個練習非常實用，所以我非常喜歡。透過自動書寫，你可以挑選未來的任何一個時刻，從那一點寫信給現在的自己。包括我自己在內，無數的學員都證明這個練習很有益，還能化解潛意識設下的阻礙。

我會和學員一起做這個練習。如果想要實現近期的夢想，就去召喚一年後的自己，從那個視角展開自動書寫。若想了解五年後的發展，也可以用同樣的方法。當然，如果想從宏觀的角度看現在，就去召喚二十年後的自己。

這麼做有助你化解潛意識中的創傷，並移除當中的阻礙和銅牆鐵壁，讓你繼續前進，踏入最神奇、最令人驚奇的未來。

顯化夢想的方法如下：在筆記本寫下：「嗨，未來的自己（或名字），關於未來，你能告訴我什麼？我現在需要知道什麼？」

然後就可以開始探索了。先前提到，自動書寫的第一個問題是向指導靈詢問：「我今天需要知道什麼」。同樣地，你也可以請求未來的自己來指引現在的道路。他比你更有智慧、更有經驗，也很樂意分享所知的一切，所以你可以盡情提問。

在未來的自己幫忙下，你可以抓住人生的黃金繩索，接著跨越阻礙，往上爬到光明的未來。之後你就不會再說：「我做不到，也不知道怎麼開始。完美主義讓我裹足不前；有一道無形的牆阻擋我前進」。

未來的自己會鼓勵你：「嗨！我在這裡。我已經看到你成功的過程，也看到一路上的障礙，看你都成功克服了！你一定會達目的地，而我會指出明確的方向。」

這是用自動書寫收到的未來訊息：

親愛的麥可：

我非常愛你，世人沒有人比我更關心你。你早年過得那麼辛苦，我也很難過。我知道你那些年所受的罪，以及那些意外帶來的傷害。但你都忍下來並且撐過去了。請放心，現在的你很好，已經在通往光明的路上了。

繼續專心寫作、做節目，未來的路已經浮現。我知道你不想聽到這個，但出於不得已的原因，你會搬家。

你沒猜錯。未來你會寫更多書，題材也會更廣泛。寫作是你的終身志業，除了身為丈夫和父親，作家是你更重要的身分。是的，你會有兩個漂亮的孩子，別擔心，他們在路上了。

你現在的工作是主持瑜珈中心。你可以跨出舒適圈，迎向你的恐懼，挑戰你不願嘗試的事。不要把事情變複雜，即便那是你的本性。保持單純的心，尋求光明，感到恐懼時，就更要挑戰自己。你最核心的靈性作業，就是勇於面對恐懼，因為那是一扇大門、一個入口，會通往不可思議的世界。

你沒說錯，恐懼是偽裝的興奮，但不僅如此，它還是一條隧道，盡頭是美好的人生，還有未知的自己。當你感到恐懼，想要退縮、逃跑或大叫時，就拿出放大鏡，好好檢視你所害怕的事物。你一定會發現它很有趣，然後更想靠近它。

你會發現，在那恐懼的煤礦裡，藏著一顆閃亮亮的鑽石。活在當下，傾身向前，和恐懼相依偎，就會發現那個寶物。這就是拉姆·達斯大師生前常說的道理。

世界成形的那一刻，人類初次見到萬物，總好奇地想探索一切。我們要以這種精神來挑戰自己。當然，做人處事要寬容、溫和，但不要以此為藉口待在舒適圈裡。懶惰是可怕的敵人，走出山洞，才會發現未知的自己，他比你更強大、更有自信、更有能力、更懂得接納自己。

我會一直關心你，只要你有困難，我就在這裡。我是你未來的自己，也是你的家人。我是你的指路明燈和精神導師。我是煤礦中的那顆鑽石，你可以隨時召喚我，我無所不在。

我會送你無數的禮物，我迫不及待地想在未來見到你。當然我也看到你現在的樣子。我在這裡等你，我向你保證，你的未來非常光明，而且不誇張地說，亮到你必須戴上墨鏡！

我喜歡寫信給未來的自己，並讓他暢所欲言，如此一來，你可以從另一頭看見現在的自己。特別是你潛意識對人生帶來的阻礙。

無論是在工作、收入或是人際關係，潛意識的念頭都會造成阻礙。要克服這些障礙，最有效的方法就是跟未來的自己聯繫。他已經在那裡，在成功的那一端，已經找到了正確的路徑，能從各種角度繞過那些路障。

未來的自己會指示你去克服阻礙，讓你進入一種心神舒暢的振動狀態。收到未來的訊息後，你的能量會開始流動，當下的阻礙也會開始變小。看吧，自動書寫就是這麼強大的工具，可以幫助你繼續前進。

寫信給未來的自己，讓他暢所欲言，你就能顯化夢想，吸引你想要的事物來到生活中。那些事物對你很重要，你也希望擁有它們。未來的自己能幫你找出哪些事物能實現圓滿的人生。只要能成就幸福，未來的自己就會幫你列出清單。

寫信給未來的自己後，你就能克服對未知的恐懼，並且勇敢前進。未來的自己會給你一張通往目的地的路線圖，讓你知道這一路上會有什麼阻礙。

人們總是不敢去追求美好的未來，即使未來有無限可能。而我只能說，只要你敢試著去認識未來的自己，就會看到美好的未來。而如果你已經預見並感受到那個燦爛的人生，並與未來的自己討論過它，那還有理由不去實現嗎？

無論是想吸引美好事物，或想發現當前生活的不凡之處，不要懷疑，馬上寫信給未來的自己，跟他好好請教一番吧！

在睡前觀想美好的未來，它就更可能實現

我在前面的章節中討論過睡眠，透過自動書寫，你的睡眠品質會更好，日常的疲勞也都會消除。那麼，可以透過自動書寫來做個好夢或是讓想像力馳騁嗎？當然可以，不管是白日夢或夜間夢，自動書寫都會發揮效用。夢和現實是密切相關的。注意力流向何處，能量就會跟著流動。如果你可以在睡眠中看到未來，就能把它變成現實。而自動書寫就像造夢機一樣。

大家可以試著寫夢境日記。很多人睡醒後會記下自己的夢，而夢境日記是用來影響潛意識以重新規劃你的生活。晚上睡覺前，寫下你想要的事物，就會更有機會實現。睡前練習自動書寫的話，有助調整身心狀態，晚上就會美夢連連，而潛意識也會開始執行它的任務。事實上，只要你睡前灌輸自己一些想法，潛意識就會在夢中試著排演它。因此，你最好先用自動書寫設計好一些願景。

不要在睡前看悲觀又負面的新聞，否則潛意識會在你夢中製造絕望的氛圍。睡前看恐怖電影，潛意識就會在夢中帶來殭屍。如果你不時就在檢查自己的財務狀況，那就會夢到跟金錢有關的事物。所以，睡前寫下你對未來的希望、夢想和目標，潛意識就會熬夜想辦法，幫助你實現它們。

由此可知，自動書寫和夢境日記是多麼神奇的工具。

別誤會，擘劃願景要有技巧，光寫下「我想要一百萬美金」、「我想要一台藍寶堅尼」是沒效的。寫下未來的夢想時，要投以高度的情感、熱情和能量。你不必在睡前高喊什麼口號（這樣做也蠻有趣的），只要培養情緒、想像一下實現遠大夢想時的心情就好。

因此，在睡前進行自動書寫，就是在請你的潛意識安排計畫，所以你要給它全部的愛。「我要實現遠大而美好的夢想」，抱著這一句入眠，潛意識便會熬夜研究它，努力想出方法讓這個夢想成為現實。

《馬太福音》第六章第十節載明：「願你的旨意行在地上，如同行在天上。」這跟赫密士主義（Hermeticism）的關鍵信條不謀而合：「如其在上，如其在下。」意思是，世界是一面鏡子，映照出另一個世界，也就是廣大的靈性空間。因此，入睡時想著一份令人興奮的新工作，醒來後又繼續想著它的細節，那麼在另一個世界的某處，你就在追尋那份令人興奮的新工作，試著去過那種生活。

做這項練習時，不要侷限自己的想法，也不要畫地自限。宇宙不喜歡參加沒有挑戰性的球賽，你來到這個世界上不是為了躲在山洞裡。沒有人會活著離開這個世界，所以要好好享受人生的趣味。

想要一份更好的工作，就要先想想看，哪些工作最具挑戰性、最有前途但卻令人望之卻步？想製作播客節目，那先想想看，最狂熱、最有名的播客節目有哪些內容？想出名的話，就看看那些大人物都在做什麼事。想要有個家庭？那要不要像電影《真善美》的主角一樣，全家到處旅行、唱歌給大家聽。

只要能看到畫面、想像那種感覺並渴望它，你就能實現那個夢想。

不要害怕、大膽地寫出你的夢想，無論有多誇張都沒關係。不用受到現實所羈絆，如果你想像鳥一樣飛翔，那就去追求吧！如果你心裡想著：「我絕對可以找到方法來實現這個目標。」那它就不是夢想。

遠大的夢想、大膽的狂想，都儘管寫下來，例如「我想在月球上跳支舞」，接著再問自己：「這個夢想的出發點是什麼？」

如果你想中大樂透（誰不想呢），那你要問：「為什麼我需要兩億？」也許你想要實現財務自由，不再為生活擔憂；也許你想要享受身為大慈善家的成就感與滿足感；又或許你想要讓家人過得好一點。以上這些都是夢想的出發點。

接著寫下這些出發點、心情與考量，並在睡前好好感受一下，想像你實現夢想後的樣子。比如你現在不用再做著低薪而乏味的工作，可以自由分配工作時間並且到世界各地旅行。當然嘍，在月球上蹦蹦跳跳的感覺也一定很棒。

在睡前用自動書寫下夢想，列出你的出發點，潛意識就會日日夜夜設法去實現那些目標。

清除潛意識的地雷

「希望、夢想和初心」，在自動書寫中，你可以看到它們的美好之處。偷看一眼未來的自己，讓他為你指明方向。

我與學生一起練習時，發現最大的問題不是缺乏夢想、行動力或動機，而是內心深處隱藏的創傷，而大腦從沒有意識到。每個人的潛意識充滿各種蜘蛛網和詭雷，當我們踩到時，夢想就會爆炸，提醒我們要安分守己。這不是潛意識的錯，它的工作是要記住創傷和危險，讓我們遠離傷害，不敢跨越雷池一步。

據說，在完成某件事的過程中，大腦只佔一成的影響力，潛意識佔了其餘九成。我不知道這是怎麼測出來的，但這意味著，如果你用意志力驅使自己去做某件事，強迫自己一定要做到，或不斷鼓勵自己任何障礙都能克服。那很快就會感到挫折，被擊倒在地。

為何如此？潛意識有一個耐受範圍，也就是我們不想跨越的舒適圈。只要你想挑戰那個底線，潛意識就會帶你回到原位。有些人認為自己只能做基層的工作，所以接到重大任務時，就會搞砸。有些人深信自己不值得被愛，每次進入一段關係，對方就不會把他當一回事。我和潔西卡也是一樣，每當事業發展順利時，就會突然遇到阻礙。於是我們又得去跟指導靈重新談判。歸根究底，就是潛意識對成功感到不自在。

因此，接受更多治療或加強意志力並沒有幫助，你得深入探索潛意識，才有助於清除創傷。指導靈也可以幫助你做這件事。是的，指導靈就像佛洛伊德、馬斯洛和榮格那樣洞察人心。我最喜歡榮格了，他說過，清醒的世界跟夢境是一體兩面。當我們學會與潛意識合作，就能跨越一切阻礙。

透過自動書寫，我們就能請高靈指出潛意識有哪些障礙。你無法對付看不見的敵人，所以你可以詢問高靈：「我最大的障礙是什麼？」、「什麼阻礙了我」或「為什麼我總是拿石頭砸自己的腳」、「為何我的生活像在跳舞，每向前一步就後退兩步」。你會得到答案，但這只是成功的一半。

接下來，你要學著清除創傷。除了尋找擅長重新編寫潛意識的人生教練或諮商師，也可以直接請高靈來當你的教練：「該如何清除我的創傷，該如何走出泥淖？」高靈會給你一些練習或作業，效果不輸給專家所提供的建議。

說到遠大夢想，我想提一下谷歌X共同創辦人紀良育和商務長莫・加多（Mo

Gawdat），他們分別來上過《靈感國度》。他們在谷歌X做一些瘋狂的事，例如研發自駕車。以前我們總認為這是荒謬而不可思議的事，但他們辦到了。有興趣的讀者可以到 https://www.youtube.com/watch?v=HeZFdk1j8Ps 收聽。

睡前唸誦肯定句或真言，就能改變潛意識的性質

肯定語是非常強大的工具，但使用時要有技巧。如果只是在日常生活中不斷講述它們，那要十幾年才能發揮效果。在電影《刺激一九九五》中，主角安迪花了許多年的時間，才用一把小石鎚在牢房的水泥牆上鑿出一條隧道。你懂我的意思了吧！如果你潛意識裡的獄卒沒有發現你的計謀，你才能越獄成功，但而這個過程非常漫長。

然而，你可以透過自動書寫來轉化潛意識。你可以潛入靈魂與精神交界處，心智在那裡會更加柔軟，更具可塑性。每天兩次，早上起床和晚上睡前，將心智轉為臨睡狀態（hypnagogic state），半睡半醒的朦朧狀態。這時就可以像刀切奶油一樣滑入自己的潛意識，設法改變它的結構。

我先解釋一下肯定語和真言的區別。前者是短句和宣告，可以植入潛意識中，設法改變它的性質。肯定語的效力來自於文字的意義，而不是其頻率。相反地，真言有特定的頻率，比它的含意更重要。自古以來，佛教和印度教經文中都有真言，因此帶有能量的印記。透過上師、靈性導師和指導靈，你就能學到真言。就像唸誦天主教的玫瑰經一樣，你隨時都能唸誦真言和肯定語（搭配念珠更好）。在執行自動書寫前，或在睡前或起床的臨睡狀態下，唸起來特別有效。

在睡前唸誦真言或肯定語，就能發揮它們的力量，大大改變你的思維。如此一來，潛意識就會在你睡著後，不斷吸收真言的能量。

哪些真言適合你？只要透過自動書寫，就可以得到個人專屬的真言或肯定句。自古以來，千千萬萬的人都在唸誦真言，它們具有特殊的能量或頻率，例如六字大明咒「嗡嘛呢唄咪吽」。除此之外，靈性導師、上師或是指導靈也能賜予你專屬的短句。

肯定語的威力也很強。我喜歡從名人的格言中找尋肯定語。法國心理學家埃米爾．庫埃（Emile Coué）這句話很美妙：「每一天，在各個方面，我都變得越來越好、越來越進步。」你可以透過自動書寫來求取自己的真言。

睡覺時，肯定語會發揮力量，滲入潛意識當中，消除你腦袋裡的雜音，並且創造積極正向的樂音。睡覺前向高靈求取真言，並重複唸誦，這樣就能在夢中療癒各種創傷。

你還可以向高靈求取能量真言，讓你一覺起來精力充沛、精神煥發。舉例來說，我的能量真言就是：「醒來時心情快樂、精力充沛、精神煥發。」睡前不斷反覆唸誦，早上醒來時就能感受到它的效力。

覆誦肯定語，就能化解自我厭惡或不滿的情緒，並恢復你的自我價值感。你可以在睡前跟自己說：「明天我會更喜歡自己，接納自己的所有特點。」久而久之，你就會發現睡醒時的心情更好、更喜歡自己了。

在睡前尋求高靈的幫助和指引，求取個人的真言，睡覺時就能轉化潛意識。在放鬆的狀態下，重新組織心智和潛意識，生活許多事情就會無往不利。這個工作很神奇吧！

使命可以帶來能量，每天寫一遍，就可以朝夢想前進

我每天都在努力把消極負面的能量，轉化為積極正向的推力；將難關變成機會，把無聊煩悶轉化為創意。只要保持初心，就能把念頭轉化為現實的事物。

所以我們要找出自己最重視的事情；每天都要問自己，人生的目的何在。寫下自己的使命和宣言，每天在練習自動書寫時，反覆寫下那些內容。透過這份宣言，你能確定自己的認同和信念。你希望大家怎麼看自己？在生命的最後回顧一生時，若想感到心滿意足，就要找出自己的使命。

這份宣言不需要有戲劇性，也不用太浮誇（這樣做也很有趣）。但最好全神貫注於自己的身分認同和信念，才能找到更多的方向，打開更多的可能性。宇宙會跟專注的能量同步。我的好朋友、作家霍洛維茨（Mitch Horowitz）在其出色的著作《奇蹟習慣》（*The Miracle Habits*）中寫道：「注意力就是力量。」

如何提出自己的宣言？透過自動書寫來寫下最好。找一天早上，花個半小時寫下一頁宣言，然後慢慢地刪減篇幅，最後留下一小段。最後看看能否把它變成簡短的句子。透過自動書寫來完成，內容就會嚴謹而充滿洞見。

以下是我的宣言，雖然潔西卡對此不太滿意，她認為我應該再寫得具體一點：

我要透過著作、演講和教學來影響世界的領導者和創新者，還要提高人們的振動頻率，轉變大家的意識和情緒。我還要到處旅行、探索世界，會見各地的長老，進而培養更多智慧和創造力。我要花更多時間與朋友、家人在大自然中跑步和玩耍。我要變得更加健康和強壯。為了發展靈性，我要與高靈建立最密切的聯繫。高靈是我的氧氣。

我沒有將做節目或人生教練等具體細節列入其中。為什麼？因為那些事項只是我執行任務的工具。節目只是媒介，好幫助我實現美好而神奇的使命。寫得太具體的話，就不能保留一點模糊地帶，讓宇宙引導我到未知的地方，幫助我完成使命。

完成自己的宣言後，每次開始自動練習前都先寫一遍，直到內容完全烙在你的心底，隨時隨地，你都可以不假思索地說出自己的使命。

接下來，你要向高靈詢問，為了完成人生的使命，今天應該全力以赴的目標是什麼。前面提到，每天都應該找到全力以赴的目標，確保自己會一步步完成使命。每天邁出一小步、偶爾跳躍一大步，節奏可自由調整。在臨終時，你就會很滿意於自己的所作所為。

我非常喜歡成功學大師拿破崙·希爾的《思考致富》，他鼓勵讀者在小卡上寫下自己的使命，沒事就拿出來重讀。對此我有不一樣的看法，我認為在自動書寫中寫出來最有效，每天至少寫一次。

寫下宣言後，一股能量會油然而生，重新思考它也會。隨著時間的推移，每個人的使命都會變得更有深度。宣言不是死板板的文字，而是要跟著個人的能量而有所調整。不要只是背誦它，那只會產生微小的能量，而且缺乏熱情，就像政治口號一樣，對人生毫無意義。重寫宣言時，要好好思考它的靈性意義，最重要的是，要全身心去感受它，看看是否能產生能量與興奮感。現在就帶著你的使命、走向未來。

勇敢提出進一步要求，才能吸引美好的事物

想要顯化夢想、吸引美好的事物，透過自動書寫的練習最有效。這個技巧很簡單，還能吸引到前所未有的美好事物。

每次進行自動書寫，或是在祈禱和顯化夢想時，我總是說：「為了我自己和世人的幸福和更好的未來，請幫助我。」在此，關鍵字就是「更好的」，宇宙會帶來許多

美妙的事物，比你想像的都要棒。

我們自認是一顆小種子，總想著長大後會變成最大顆、最堅硬、最實在的種子。實際上，我們不只是小種子，而是可以成為巨大無比的紅衫，直達天際。很不可思議吧！

不過，有的人只想成為大顆的種子，對宇宙的請求只有這麼多。這麼一來，宇宙就不會將我們種在土裡，更不會帶給我們養分。這都是因為我們放不下執著，緊緊抓住自己的外殼。所以要勇敢提出：「我想要更好的未來。」我們是在告訴宇宙，我臣服於祢的偉大，所以我放手將一切都交給你安排。（你可以將宇宙替換成上帝。）然後神奇的力量就會進來。說是遲，那時快，我們就會飛到紅杉林的頂部，視野馬上變得遼闊起來。

我和潔西卡之前住在一間A字型的山林木屋，景色美得令人讚嘆，可以看到整個山谷和城鎮。每天早上醒來，我們拉開窗簾，眼前就是一望無際的山谷，就像瑞士一樣。我們的後方有一座四千兩百公尺高的科羅拉多山峰，家門口有一座三千三百公尺高的火山。如此壯觀的景象，保證讓你著迷。

在搬到那間木屋前，潔西卡到過那個山谷去尋找兩人的住處。事業失敗後，我們曾經住在紐澤西州，後來搬到了北卡羅來納州，在那裡重獲新生，恢復了精力。接著我們想搬回最愛的科羅拉多州。她到了亞斯本市中心找了好多房子，卻一無所獲。

她那時對我說：「我們應該放下執著，住在哪裡交由宇宙決定。所以，放下固執的想法吧！」換句話說，她提出了請求：「我們要更好的未來。」

我們一直在向高靈詢問這件事，也一再確認自己是否遺漏了什麼細節。也許是我們找的方向錯了，所以我們採取開放的態度，希望迎來最好的結果。簡單來說，我們不再指名要住在亞斯本，只要是「更好的地點」，哪裡都可以。

接下來神奇的事情就發生了。與亞斯本相隔兩個城鎮的地方，有個更好的地點。諷刺的是，潔西卡曾在這個城鎮住過兩次民宿。她知道這個城鎮很美，但卻沒有想到要在這找住處。結果她在這裡找到兩個物件，而且都是幾近完美的住宅。

因此，放下執著，承認自己的渺小，臣服於宇宙的偉大與無限可能，你就能得到更好的選項。

臣服就是放下執著，學會觀察、傾聽宇宙的訊息

我跟大家一樣，每天要完成的任務很多，沒有辦法一次做完。那麼解決方法是什麼？不如在安排每日行程時，發揮一下創意，適時休息一下。雖然如此，這些工作的負荷還是很重。

而終極的解決方法就是「臣服」。觀察能量流動的方向，就會發現一條神奇的路徑；順著能量之河，事情就更容易完成。但重點在於，我們經常太執著於自己設想的解決方法，結果讓事情變得更糟。

想要培養臣服的力量，自動書寫是好的工具，在此狀態中，你不會執著於小我的念頭，而是會專心聆聽指導靈的指示。這個方法非常強大，你可以不用再寫行事曆了，只要讓宇宙帶路，困難就會迎刃而解。

臣服於宇宙，我和潔西卡才擁有絕美的住處。臣服於高靈，我們才開始做節目，分享靈性的訊息。臣服能讓我們遠離痛苦，這是實情。

臣服不是放棄行動，每天躺在沙發就好。雖說這麼做也有幫助，至少先放鬆一下你焦慮的身心。臣服真正的意思是，不再做徒勞無功的事，而是專心聆聽宇宙發

出的訊息，並採取相應的行動。

前面提到，我在山徑裡摔倒，躺在冷冰冰的溪流中，命在垂危。發生這個意外的前幾週，我還出了幾次車禍，不但手腳骨折，車上的東西也被偷了。在那段期間，我都沒有傾聽宇宙的訊息，所以才沒有注意到那些危險的跡象。宇宙會先低聲提醒，若你沒有反應，才會拿木棒敲你。如果我當初臣服於高靈，就不用體驗那個生死關頭，現在身上也不用有鈦金屬股骨和人工髖關節了。

臣服不是放棄，而是聆聽宇宙的徵兆、觀察靈性的跡象以及能量流動。乘著那些能量往上走，就不會掉到苦海當中，只能等著被海浪衝擊。

生活不斷撞牆時，就要看看有什麼徵兆和跡象，也許是宇宙提醒你要轉向了，之後有更棒、更好的事物在等著你。你可以在筆記本反覆寫下：「我臣服、我聽命。我屈服你更強大的指引，準備好接受偉大的訊息，不再執著於小我的想法。」

保持開放的心態，靈性之門才會開啟，而執著只會帶來痛苦。敞開心房，才能接受上天的賜福。臣服就是傾聽、觀察和注意你所擁有的一切。透過自動書寫，你就能培養臣服的力量。

局勢變得艱難、靈性大門關閉時，不妨臣服於現狀，並尋求高等智慧的指引。

祂就在那裡。當你感到痛苦、諸事不順時，祂會給你一份神奇而美好的禮物。停下腳步，在筆記本反覆寫下：「我臣服。」事情一定會有所轉機，因為那是宇宙中力量最強大的三個字。

在本章的開頭，我教你用自動書看到未來，並透過簡單的練習來重整潛意識，讓它充滿正向的信念。透過自動書寫來顯化夢想，就能把你渴望的事物吸引到生活中。你會發現更好的未來，那是宇宙為你準備的禮物。別太快感到驚訝，只要向祂臣服，夢想就會逐一成真。

第十三章

打開人生八大財富的密碼

Writing

每個人在財務方面都遇過困難，甚至重重跌了一跤，就算是最厲害的投資專家也不例外。

財務上的失敗或阻礙其來有自。在有意識或無意識間，我們運用能量的模式會將自己困在匱乏或恐懼中。有的人做生意賺錢後就會賠掉，而有些人是月光族。事實上，這可能是心理創傷造成的。

有些人早年喪親，童年過得非常辛苦。有些人的父母不擅理財，所以自己的金錢觀念也很混亂。換句話說，這種失敗是會影響到下一代的。家族老是經商或投資失敗的話，你就有機會犯下同樣的錯。不管是經商失敗還是心理創傷，都會變成長年的思維模式，所以必須從底部清理它們。

有些人繼承了家族的創傷，比如納粹大屠殺倖存者的孩子。這種創傷影響力非常深遠。除此之外，有些人的家族中不斷出現家暴等事件，那也會代代影響下去。這個議題超出本書的討論範疇，就不再繼續深入討論。

自動書寫有趣又有啟發性，你還能用它來學習管理財務，檢查自己的消費模式。指導靈會指出你對金錢的焦慮、恐懼和擔憂，也會點出你理財的盲點，聽起來很實際吧！

每個人都有金錢方面的問題。哪怕是億萬富翁，也會對金錢感到恐懼、擔憂和焦慮，因為他們得管理龐大的財富。會計師或記帳人員當然很重要，但跟指導靈討論財務規劃也不錯。

不妨試著規劃一年的預算，並展望接下來幾年的發展。你也可以問自己，如果你蒙受上天的眷顧，獲得一筆意外之財，那會想要怎麼安排。談到金錢與數字，我是個謹慎小心的人，立場上偏保守。我會透過自動書寫找出隱患和潛在的問題。我不敢說自己是務實的人，但管理金錢還是要多管齊下。

方法如下。跟指導靈問完「今天需要知道什麼」後，就寫下自己的預算方案，或使用心智圖（mindmap）畫出接下來每個月的財務計畫。我是採用圓圈樞紐法，在圓圈的中心寫下月份或年份，然後在周圍詳細排出所有的開支，例如：房貸、房租、車貸、水電費、保費、餐費、旅費、治裝費、學貸、稅金、存款、退休帳戶以及娛樂花費等。並詢問祂：「我是否有所遺漏？這樣的安排祢覺得妥當嗎？」

如果你自己創業，每月營業額有二十萬，你可以問指導靈：「是否有可能增加到三十萬？」祂會提供你建議，並跟你討論要如何分配資金。前面提到「更好原則」，等到你達標後，就繼續問：「如果我營業額要增加到五十萬，該怎麼做？」

當然，剛開始練習自動書寫時不要先談到錢，否則小我會跳進來參一咖。等到你和高靈建立了良好的關係後，就能察覺到小我的意見，高靈也會給你管用的答案。不過再提醒一次，高靈不是會計師、律師，也不是理財專員（我也不是），所以你一定得和專業人士核對數字。話雖如此，如果你美化收入、過分樂觀或是漏算某些支出和花費，高靈會提醒你。

高靈有時會叫我保守，有時會叫我大膽一搏，當初我想買特斯拉時，祂就大聲地鼓勵我：「買！買！買！」

簡單來說，透過自動書寫，你就可以培養對財務的直覺，並與高靈進行討論，比如收入要花在哪裡、資金如何分配等。你還可以和高靈一起檢視自己的存款，排定開銷的優先順序。有個靈性的財務顧問很不錯吧！

從宏觀的角度看待金錢，就可以超越小我的限制，避免每天為了錢而焦慮和擔憂。處理財務時，要有更大的格局及開放的心胸，才能從各方面進行規劃，並檢視自己花錢和投資的模式。

說到這裡，除了自動書寫線上課程外，我們還開設了「金錢煉金術」等相關課程，以改變你與金錢的關係。透過自動書寫，你就能分毫不差地安排收支。手頭吃緊、快撐不下去時，你可以明確地問指導靈：「錢要如何分配？如何順利熬過這段過渡期？」我總是會問：「要如何用慈善、溫和的方式增加金流？去哪裡找到更多資源來完成工作？如何實現想要的生活。度過這段時期後，如何茁壯成長？」

每天在進行自動書寫時，我都會跟指導靈談到財務和理財等議題。富足是每個人與生俱來的權利，你不必感到羞恥或尷尬，也不要自己說：「為了追求靈性成長，我不該貪求金錢。」對於靈性追求者來說，金錢是個敏感的議題，所以要好好釐清相關的觀念。

金錢跟靈性不相衝突。金錢是能量的貨幣。簡單說，金錢就是能量。擁有財富，才能幫助自己以及有需要的人。你的能量振動越高，收入就會越高，能你幫助的人就更多。

互惠是宇宙最重要的運作法則。付出勞力時，就應要求相對的報酬，否則宇宙就無法賜予你能量。（當志工是另一回事，宇宙會鼓勵願意奉獻的人。）勇敢提出要求，因為你的能力值得獲取回報。為自己的工作標上價錢，宇宙才能給予等價的報酬。

用自動書寫召喚金錢就像是跳兩步舞：首先提出要求，然後站出來做一些事情以賺取回報。這就是互惠，沒什麼丟臉的。但你得要求、要求、要求。（因為很重要所以說三次。）

富足定義不限於與金錢，也能應用在許多生活領域。現在讓我們來好好看看人生八種財富。

你的八大驚奇時刻

我有一台閃亮的黃色特斯拉，輪框是金色的，讓人看了會心一笑，而且車牌號碼是WOO HOO 8（哇呼八）。如果你還不知道是什麼意思，我接下來就會解釋如何使用八大大哇呼來顯化夢想。我的特斯拉也是這麼吸引來的。

在自動書寫時，運用了哇呼技巧，就可以吸來任何渴望的東西，無論是汽車、人際關係、新生兒或工作。當然，這全都取決於你的祈求，好實現你與所有人的圓滿人生。

想要顯化夢想，吸引生活中各個領域的財富，並召喚美好的事物，八大哇呼是最基本的工具。在八種不同的生活領域中，每個人都想實現富足，而你能把能量灌入那些領域中。

在進行自動書寫時，問完「我是誰」後，就可以開始練習八大哇呼。

針對這八個特定的類別，都可以透過自動書寫來釐清方向。人生的財富不止有你銀行裡的錢，所以你要努力爭取。

一、時間：哪怕你擁有世界上所有的金錢，但沒有時間生活、休息或放空，那這些錢就一文不值。

二、健康：沒有健康，人生是黑白的，多有錢都沒用。達賴喇嘛說過：「為了賺錢而不顧健康，後來又只好花錢來治療身體。老是擔心未來，就沒有活在當下，無法享受現在的美好。我們都忘記生命是短暫的，等到臨死前，才發現不曾好好活著。」

三、財務：俗話說，金錢買不到快樂，但這是個由物質組成的世界，沒有錢就萬萬不能。有研究指出，對於年收入不到兩百萬的人來說，錢可以帶來許多快樂。金錢是種擴大器。如果你天生是個快樂的人，等到有錢之後，你就會更快樂。可惜的是，如果你人生過得很痛苦，有錢之後會更痛苦。所以我們才要在自動書寫中先調整思緒。

四、親情和友情：人際關係和家庭非常重要。如今，新冠肺炎疫情肆虐，在這樣的艱難時期，我們更需要其他人的幫助。在朋友和家人支持下，內心才不會那麼苦悶。在臨終時，應該沒有人會談論自己的名車或豪宅，而是想要家人或寵物陪在身邊，一同回味相處的時光。

五、靈性：對我來說，這種財富最重要。我活著就是為了追求靈性的成長，所以每時每刻都在體驗生命的美好。有時我會忙到沒時間冥想，但只要進入自動書寫狀態，身心都會恢復平衡。內在富足的人，懂得化解壓力，減低焦慮和憂鬱的情緒，回到自然而快樂的狀態。時時刻刻都能體會到連結感，心情總是積極而正向，那是多麼美好的事情。

六、職涯：人類天生就愛創造事物，喜歡投入有價值、有意義的工作，樂於見到世界變得更好。努力改善自己的工作或事業，就是在參與有價值的活動，讓自己及周圍人的生活過得更好。歸根究底，無論你是僱員或在創業，還是全職在家帶小孩（這是非常辛苦的工作），都是在服務和幫助他人。工作也是為了滿足內在需求，包括成長和挑戰自我，並了解自己對世界有什麼助益。也因此，當我們獲得事業上的成就感，感覺就會更好了。

七、創意：當你靈感豐沛、進入心流狀態時，會忘記時間，心無旁鶩地度過好幾個小時（甚至好幾天）。唱歌、跳舞、繪畫、雕刻、寫作、拼圖或是製作有滾輪的雞舍（開玩笑的，但好像是個好主意），只要你想，任何事情都可以發揮創意。在那段時間，你就是上帝，全宇宙只有你一人，周圍的一切人事物都無關緊要。你會從宇宙汲取源源不絕的能量，觀看、感受以及理解事物的方式會完全不同。透過創造性活動，我們就能與宇宙保持連結，對任何事的感覺都會很好。因此，設法在生活中多安排這樣的活動，就能接收到更多靈性的訊息。

八、家庭、大自然和旅行：擁有自己的棲身地非常重要。家是神聖的處所，當整個世界陷入一片混亂時，只有這個地方能給你穩定的支持。此外，與大地有連結感也很重要。而外出探索、認識新世界，也會讓人精神為之一振。由此可知，擁有親愛的家人、多多走進大自然、有豐富的旅行經驗，都能成為幸福人生的基礎。想要打造最棒的人生之輪，就需要它們來當輪軸。這樣一來，人生就會感到踏實、有歸屬感。每個人內心當中，都有探索大自然的本能與渴望，只要能滿足這份需求，身心都會披上正向積極的光彩。從此以後，我們會覺得信心十足、人生無往不利。

現在你已經了解了這八個類別，接著來談談該如何運用它們。八大哇呼效果強大、終身都可以實行。一旦開始，你會想一直練習下去。我搬到北卡羅來納州後，就開始夢想著要住在山間小屋。那時我每天花一到兩個小時練習八大哇呼。我在腦海中看見並想像即將實現的未來，並努力召喚它。這是個有趣的練習，我盡情地享受那段放鬆與作夢的時光，再將那些畫面都寫下來。

以下是八大哇呼的關鍵。首先，這是個有趣的練習，如果在描寫未來時感覺不好，那就暫時停筆，下次再寫。你也可以問指導靈出了什麼問題。「情感」（e-motion）就是「運動中的能量」（energy in motion），是創造各方面生活的必要元素。而當中最強大的就是積極正向的情感。

練習八大哇呼時，每天處理一個類別就好，並依照上面排列的順序進行。

進行自動書寫的第二個問題（「今天全力以赴的目標是什麼」）前，先鎖定一個財富類別，然後以最豐沛的情感寫下你的夢想，讓自己開心一下。例如，如果是家庭，就想像一下新家的樣子，看是山間小屋、舒適寬敞的公寓或郊區獨棟樓房。哇呼！

想像力就是王道，擘劃夢想時，每個人都會覺得興奮不已。喚起自己最真摯的情感，描繪出最美好的未來，不管是家、靈性或時間，越富足越好。在紙上畫出願景，在腦海中深深記住，並投入最豐沛的情感。

接下來的七天，繼續完成其他類別，並至少寫下一頁的夢想清單。新家的地點、外觀、裝潢、給你的感覺以及非凡之處，一項接一項寫滿一頁。具體細節可以先忽略，只要能喚起情感，讓自己作夢即可。

例如，我想要創建一份事業來改變世界，但不知道該怎麼進行。不過，我可以想像那種感覺，包括那份工作帶來的自信感、成就感和影響力。我會寫更多書、發表更多場演講、去更多地方旅行，甚至與世界各大國家的領導者會面。那時我想參加二〇一九年諾貝爾和平獎得主的峰會。

我記下這些事項後，開始想像它們帶給我的感覺，雖然還不知道創業的細節，但想像並感受有助於實現它。對我來說，這就像把自己召喚到可見的未來。在腦海中清晰地看到畫面、身體有具體的感受時，通往未來的大門就開起了。

以下是八個類別的書寫範例：

時間：

感謝上天給予我寫作、思考以及和家人聊天的時間。感謝祢給我休閒的時間。我越來越富有，可用時間更多了。我不受工作時間所限制，能環遊世界，到處去探索和玩耍，還可以到墨西哥和馬雅的長老會面，欣賞奇景「天坑」。謝謝祢給我時間坐下來，和潔西卡一起談心，和動物、大自然一起享受生命。謝謝祢，讓我能活在當下，不用汲汲營營地去想下一步該去哪裡、該做什麼。

健康：

我越來越強壯，能夠在山間越野跑步，下坡時膝蓋也很舒服。我的牙齒很強健，消化越來越好。我有精力完成工作、照顧小貓和公雞。我能完成所有預訂的目標，還可以輕鬆跑完馬拉松。我的身心如此強大而有力，永保年輕！還有比這個更好的事嗎？哇呼！

金錢：

謝謝祢給我富足的生活。我們負擔得起美麗的山間小屋、海濱小屋。我們有能力到任何想去的地方旅行。感謝祢給我能力幫助人們，實現慈善事業。我能捐錢給有全球影響力的組織。我感到富有而自由！哇呼！

親情和友情：

感謝家人陪伴我。感謝上天讓我們找到溫暖的窩。感謝祢給我時間，讓我能和家人共處，和朋友培養深厚的友誼。因此，我和所愛之人更加親近了。感謝祢給我們健康快樂的寶寶！感謝家人幫我養育小孩！感謝所有親友的愛與支持，而且我們還有能力可以回報。我們感到被愛、被保護著。我們有歸屬感，不再感覺孤單。神啊，感謝祢！哇呼！

靈性成長：

感謝祢與我聯繫，祢的愛整天都圍繞著我。謝謝祢提醒我，靈性是我的第一生命。我越來越接近無限的靈性世界，時時刻刻都能看到、聽到及感受到高靈陪在我身邊。感謝祢讓我處於和平、充滿愛又相互理解的世界。我總是處於平靜的狀態，能接受到宇宙和內在智慧的訊息。

職涯：

感謝祢讓我們在事業上取得巨大的成功；我們在全球有數以百萬計的觀眾。感謝祢讓我們寫出暢銷書，讓數百萬人享受閱讀的樂趣。我們擴大服務範圍，幫助全球更多的人，並發揮影響力來改變環境。我們的事業一帆風順，付出少少的努力，就能獲得豐碩的成果。我們能夠把收入回饋給社會大眾。感謝我們神奇的工作團隊，幫助我們實現夢想。

創意：

接下來，我會學習繪畫和唱歌，還會設法讓更節目更有趣、更有內容。我的節目會在網飛等影音平台播出。哇呼！我會錄製唱片，寫更多好書。我們的節目大受歡迎，觀眾們喜歡享受每週一次的靈性洗禮。感謝祢的穿針引線，讓各行各業的專家願意來上節目。

家庭、大自然和旅行：

感謝祢給予我們溫暖的家園。除了是動物庇護所，人們還可以來冥想、靜修。周邊有自然小徑和小動物，寧靜到宛如天堂。這裡離城鎮很近，非常方便，撫養孩子也很理想。大自然圍繞著我們，有數不盡的動物、樹木和小徑，我們和土地的連結是如此親近。每天早上起來，我們都驚訝地說：「住在這裡像作夢一樣！」我有能力環遊世界，與世界領導者會面，並且幫助有需要的人。這一切真是太美好了。哇呼！

發自內心的感謝，才會帶來能量

每次我都不假思索寫下八大哇呼，內容時常調整。有時我會寫「感謝天」，有時會寫「謝謝祢」。沒有正確的寫法，只要向指導靈提出要求、表達自己的感受、描述各種願景，它們就有實現的一天。因此，隨心所欲地寫吧！

話雖如此，寫下感激之情最好。它會產生一種力量，有助我們實現目標。所以，對渴望的事物表達感謝之意，你就會靠它們越近。出於正向的意念與情感，好好感激生命，人生才會更美好。有些人說謝謝只是出於禮貌，但那一點能量也沒有。

不過，有些人在顯化夢想時很難投入感情，那就要問問指導靈：「為什麼我感覺不到熱情？為什麼對於那些看來有趣的事情，我一點感覺都沒有？我的內心是否有任何創傷或障礙？還是說，那些是別人的夢想，其實和我無關？」

我有位學生是技巧高超的鋼管舞女郎，從小家人就希望她從事金融工作。她畢業後在金融界工作了好多年，但更喜歡晚上去兼差跳舞，後來她也辭職去實現夢想了。我們不應隨意判斷他人對錯，而是要傾聽內心的聲音。透過自動書寫，她知道自己不會變成商業女強人。她現在靠著跳舞維生，並把收入拿去做投資，過著富足的生活。

因此，我們一定要對自己敞開心扉，不要走別人的路，只需問問自己的感覺如何。沒有感覺的話，再去請教指導靈，看是出了什麼問題。事實上，有些目標並不適合你。也許你在恐懼些什麼，也許是過去受了傷，內心深處有一些創傷或障礙，讓你無法接受這一切。請指導靈給你答案，然後設法去清除那個創傷。

寫完八種人生財富後，接著把每一頁清單刪減到剩幾句話，一天整理一項。八天之後，再把八個類別整理成一頁左右。這只是我的建議，篇幅隨你的意思刪減，只要能保留當中的能量就好。

大體上，每個類別先寫一頁，最後八大項加起來剩半頁最理想。依序寫完，把自己推向美好而偉大的未來。請記住，書寫時要一定要帶著情感。

這八大哇呼，就是你要實現的遠大目標，你要深信它們會成真，就算達成一半也行。不過，你的目標也不能太天馬行空，這樣潛意識會拒絕接受。這是有意識的自我暗示，雖說夢想要遠大而宏偉，但你還是得打從內心相信它們有實現的可能。

展望未來

除了八大哇呼，透過自動書寫，我們就能塑造、構想並逐步實現光明的未來，亮到讓你睜不開眼！

這個練習不用每天做，但有些時間點可以試試看：你的生日、元旦、新月、冬至和春分。在這些日子，人們為未來的收穫播下種子，所以在這時許願特別有能量，不妨試試看。

在我五十歲生日那天，我也展望了自己的未來。我做了一次加強版的八大哇呼，於是我清楚看到接下來五十年的工作，那是我的第二人生。五十歲是個神奇和偉大的起點，最適合展望新生活。

在這次加強版的練習中，我也一樣帶入豐沛的情感，並具體地寫下細節。至少我知道短期內要去哪裡、要做什麼。我不知道公司在十年或二十年後會具體發展到什麼地步，但我很清楚今年年底要達到的目標。我寫下了自己的想法、相關的具體事項、細節、願景、夢想及渴望。

這是一個強大的意圖設定練習。透過自動書寫，你就能把最大的意圖之石投入意圖之池中。換句話說，你能創造巨大的漣漪，沖刷未來的海岸，實現你喜歡的生活（而且成果會超出你的預期）。

我的學生伊蓮成功地實現富足人生，在本章結尾讓她來現身說法，應該是最美好的安排吧：

我接觸自動書寫後不久，就開始試驗，是否能聯繫上我一生欽佩但已經過世的人。我希望收到祂們的智慧之言，特別是美國作家瑪雅．安傑洛（Maya Angelou）。我自己也是作家，所以覺得和她有一種特殊的連結感。我很敬佩她，因為她的著作中有許多明智的忠告，令我獲益良多。我決定透過自動書寫來向她請教，而這是我第一次得到的回覆：

「蜘蛛網是最完美的創造物，包含了弧線和圓圈，集混亂和美麗於一身，體現了大自然的秩序。你可以從蜘蛛身上學到很多。蜘蛛織網是種神奇而有趣的過程。牠的肚子裡裝滿了閃閃發光的線，沿著一根根的青草或柵欄織網。風一吹，那張網就會起漣漪，有時也會破裂，這時蜘蛛就會重新織一張網。牠的生命全為了專心做那件事。若不織網，牠就補不到昆蟲來吃了。蜘蛛的生命意圖很單純。牠們這麼勤奮地求生存，也創造出一種藝術，這兩者密不可分。藝術和人生也沒有區隔。努力創作也是一種人生目標。把自己獻給藝術，生命就會充滿意義，而這份辛苦的工作能養活你。」

可想而知，這番有意義的話讓我想了很久。隔天，我到當地的有機農場創作詩文，並獻給長期合作的農民。無償創作很有趣，但這一年來，我的生活搖搖欲墜，經濟狀態非常不好。我十分煩惱，雖然我對寫作有無比的熱情，卻無法賺到足夠的錢維持生計。

安傑洛的蜘蛛文章在我腦中噗噗噗地冒泡，它統合我散亂的思緒與渴望，並暗示我「做就對了」。這篇文章餵養了我的心。但改變需要時間，所以兩個星期後，我再次透過自動書寫請安傑洛博士給我一些建議。這是她的回應：

「還記得那隻蜘蛛嗎？牠一心致力於捕捉昆蟲的織網工藝，並滿懷期待地等待食物到來。蜘蛛相信，完成自己的基本工作後，充足的食物會直接送到那張網。你努力做事，但忘記等待豐收。妳得在心裡騰出空間；敞開心扉，就能接到宇宙的滋養。妳無私地賜予他人幸福感，宇宙會獎勵妳。把妳的工作想像成那張蜘蛛網，然後妳就會明白，在妳勤奮的工作下，宇宙的豐富贈禮會自然到來。」

兒子和我一直在討論，我們想創建一座再生式農場。收到這個回覆後一個月，這個想法突然有了進展。就像被雷打到一樣，我靈機一動，想到可以把這個計畫的影片分享到社群網站上。沒過多久，一位我未曾謀面的女士捐贈了二百五十美元。我可以開始籌建農場了！那一天早上，我請求宇宙給我一個徵兆，證明我走在正確的軌道上，而這個徵兆跟羽毛有關。就在我收到捐款之前，我看了那位女士的社群網站：她在海灘上拍了張海鷗的照片。

從某個層面來看，我實現了自己的目標。安傑洛的肯定就像浮標，讓我的心不再往下沉。我工作時更輕鬆、更專注了。我不再手忙腳亂，而是走在清晰的道路上。我正在建立一個互助網，以整合社區的各種資源和人際網絡。我想改善環境，包括將碳封存在土壤裡，防止表層土壤被沖刷至河水中。我希望能將這套方法推行到更多社區。這項工作能挽救地球上的生態系統。這幾天以來，為了實現這一個願景，我跟許多社區居民發表了激動人心的談話。

其實我打從心裡相信，這個願景在未來已經實現了。人多力量大，它實現的可能性很高。許多人會跟我一樣，成為勤勞的蜘蛛，創造出屬於大自然的藝術作品。

第十四章

三十天挑戰

現在你已經有了自動書寫的基本知識，現在你可以專心投入，養成終生習慣，並確保自動書寫成功了。

本章是為期三十天的計畫，旨在幫助你快速掌握自動書寫、運用基本知識，而不會感到不知所措。盡你所能堅持下去，你便會成為自動書寫高手。

我鼓勵你記錄自己的進展，以得到重要的見解和動力。你可以從我們的網站（www.AutomaticWriting.com/bonuses）列印三十天挑戰表格。

在你開始之前，有幾個提醒事項。

一、不管是起床或睡前練習，都要做好準備，並且為接下來三十天的挑戰選擇固定的時間和神聖的空間。
二、挑選要使用的筆及日記本，或是準備用來打字的電腦。
三、從自動寫作網站（www.AutomaticWriting.com/bonuses）下載書寫 θ 波音樂。

以下是工作表上每一欄的說明：

天：一天到三十天。

作業：從基本的問題開始，每天固定發問，這樣就可以進入最佳狀態，讓你感到更有自信。在這一個月當中，自動書寫程序如下所示：

一、意向禱告

二、祈請文

三、「今天需要知道什麼資訊？」

四、「我是誰？」（持續兩週，接下來問不問皆可）

五、隨機問題（第七天開始）

六、「今天要全力以赴的任務是什麼？」

七、八大哇呼（第二十天開始）

整個過程通常需要三十分鐘（加上中午或晚上的重讀時間），但非常值得，你的每一天、每一週、每一年直到一輩子，都會過得更順利，你的自我感覺會更好，更不用說你會吸引到所有渴望的事物。

活動：記錄你每天開始書寫的時間。你能從中找到線索，以統整出最佳的自動書寫時間。不管是在早上或晚上練習，都會有成效，所以不用擔心。夜班工作者和無法早起的人，我也放上夜間書寫的時間欄。

完成：當你完成一項活動時，打個勾，讓你有達標的感覺。

時數：在最後一欄，記錄當天寫了幾分鐘。這有激勵的作用，也可以幫你整理出最適合的書寫長度。

三十天自動書寫挑戰

天	作業	活動	完成	時數
一	三個基本問題，每個問題至少寫五分鐘： 「今天需要知道什麼訊息？」 「我是誰？」 「今天的要全力以赴的目標是什麼？」	早晨書寫　：　AM		
		中午閱讀		
		夜間書寫　：　PM		

天	三個基本問題	早晨書寫	中午閱讀	夜間書寫						
二	三個基本問題，每個問題至少寫五分鐘。	早晨書寫：AM	中午閱讀	夜間書寫：PM						
三	三個基本問題，每個問題至少寫五分鐘。	早晨書寫：AM	中午閱讀	夜間書寫：PM						
四	三個基本問題，每個問題至少寫五分鐘。	早晨書寫：AM	中午閱讀	夜間書寫：PM						
五	三個基本問題，每個問題至少寫五分鐘。	早晨書寫：AM	中午閱讀	夜間書寫：PM						

六	三個基本問題，每個問題至少寫五分鐘。	早晨書寫：AM	中午閱讀	夜間書寫：PM
註：從第七天開始，可以開始加入跟自己有關的隨機問題。每天至少提出一個新問題。提出感興趣的問題後，同一件事可以連續問很多天。				
七	在第二與第三個基本問題間加入隨機問題：「要把自己照顧好，有什麼是我需要知道的嗎？」	早晨書寫：AM	中午閱讀	夜間書寫：PM
八	在第二與第三個基本問題間加入隨機問題：「要把自己的健康照顧得更好，有什麼是我需要知道的嗎？」	早晨書寫：AM	中午閱讀	夜間書寫：PM

九	在第二與第三個基本問題間加入隨機問題：「要把親人、朋友照顧得更好，有什麼是我需要知道的嗎？」	早晨書：AM			中午閱讀			夜間書寫：PM		
十	在第二與第三個基本問題間加入隨機問題：「我人生的遠大目標是什麼？」	早晨書寫：AM			中午閱讀			夜間書寫：PM		
十一	在第二與第三個基本問題間加入隨機問題：「在這個階段的人生，應該要做什麼？」	早晨書寫：AM			中午閱讀			夜間書寫：PM		
十二	在第二與第三個基本問題間加入隨機問題：「關於我的人生現況，有什麼是我不明白的嗎？」	早晨書寫：AM			中午閱讀			夜間書寫：PM		

		早晨書寫：AM	中午閱讀	夜間書寫：PM
十三	在第二與第三個基本問題間加入隨機問題：「生活遇到瓶頸，為什麼會這樣？需要學習什麼、及需要做些什麼改變？」「我陷入負面的生活模式，為什麼會這樣？需要做些什麼來改變情況？」			
十四	在第二與第三個基本問題間加入隨機問題：「當前是否有阻礙我前進的大石頭？如果有，要怎麼清理？」			
十五	（第二個基本問題可以不必再問。）在第三個基本問題前加入隨機問題：「是否有任何根深蒂固的創傷需要處理？如果有，該怎麼治好？」			
十六	在第三個基本問題前加入隨機問題：「關於我工作或職涯，有沒有什麼是我需要知道的？」			

天數	問題	時段		
十七	在第三個基本問題前加入隨機問題：「要怎麼把生活變得更加富足？」	早晨書寫　：　AM		
		中午閱讀		
		夜間書寫　：　PM		
十八	在第三個基本問題前加入隨機問題：「通往富足的路上，有沒有任何阻礙？如果有，要如何才能移除？」	早晨書寫　：　AM		
		中午閱讀		
		夜間書寫　：　PM		
十九	在第三個基本問題前加入隨機問題：「接下來三個月要全力以赴的目標是什麼？」	早晨書寫　：　AM		
		中午閱讀		
		夜間書寫　：　PM		

註：你可以每天繼續提出新問題，看你對什麼感興趣。然而，在問第三個基本問題前，要寫下八大哇呼。每天添加一個新類別，直到你一天寫完所有項目。

二十	哇呼#1——健康財富：花五到十分鐘詳細寫下你的健康目標，想像實現後自己會是什麼樣子，有什麼感覺。體會一下興奮、驚喜、坐不住的感覺。哇呼！	早晨書寫：AM	中午閱讀	夜間書寫：PM
二一	哇呼#2——時間財富：花五到十分鐘詳細寫下你想要多少空閒時間，這段時間你會做什麼以及它會帶給你什麼感覺。再次體驗一下興奮、坐不住的感覺。哇呼！	早晨書寫：AM	中午閱讀	夜間書寫：PM
二二	哇呼#3——金錢財富：花五到十分鐘詳細地寫下你的財務目標，以及實現後自己會是什麼樣子、有什麼感覺。你想用額外獲得的收入做什麼。體驗一下興奮、坐不住的感覺。哇呼！	早晨書寫：AM	中午閱讀	夜間書寫：PM
二三	哇呼#4——親情和友情財富：花五到十分鐘詳細寫下你想如何改善與朋友和家人的關係，成功後會是什麼樣子，	早晨書寫：AM	中午閱讀	

	為什麼這個改變很重要，以及這個改變會讓你感覺多麼不可思議。	夜間書寫 ： PM			
二四	哇呼#5——靈性財富：花五到十分鐘詳細寫下你想如何深化你的內在智慧，成功後會是什麼樣子，會給你帶來什麼感覺。	早晨書寫 ： AM			
		中午閱讀			
		夜間書寫 ： PM			
二五	哇呼#6——職涯財富：花五到十分鐘詳細寫下你希望未來的工作內容是什麼樣子，要採取哪些基本步驟才能實現。寫下職涯道路上的兩個目標。最後寫下成功後不可思議的感覺。	早晨書寫 ： AM			
		中午閱讀			
		夜間書寫 ： PM			
二六	哇呼#7——創意財富：花五到十分鐘詳細寫下你在生活中想要哪一類型的靈感來源，你希望發想的內容如何。最後寫下那種不可思議的感覺。	早晨書寫 ： AM			
		中午閱讀			
		夜間書寫 ： PM			

二七

哇呼#8——家庭、大自然和旅行財富：

花五到十分鐘詳細寫下你希望自己的家在哪，有什麼特色，裝潢看起來怎樣。如果要搬家，你想搬到哪，那個家看起來會是什麼樣子。請記住，你是大地的一部分，請寫下你與地球最有連結的事情、想探索的地方以及最喜歡的戶外活動。去旅行的話，你的目的為何，是什麼吸引你到那裡並讓你如此興奮。

早晨書寫：AM	中午閱讀	夜間書寫：PM

二八

從今天開始，將八個類別結合起來，每個類別只寫一兩個句子，然後統整在一起。每天早上都這樣做。

早晨書寫：AM	中午閱讀	夜間書寫：PM

二九

寫下八大哇呼後，加入隨機問題：

「生活中我還有什麼遺漏的事項嗎？」

早晨書寫：AM	中午閱讀	夜間書寫：PM

三十

最後一個問題，它非常富有挑戰性，但有強大的能量，能解放你的情緒：「我需要原諒自己哪些事情，在我生命中有任何要去原諒的人嗎？」

早晨書寫　：AM	中午閱讀	夜間書寫　：PM

這一個月的練習，就是一趟自我發現的旅程。對真實的自我（也就是你的高我）了解越多，你就越了解上帝、宇宙和指導靈，並且更清楚這些高等生命的能量與本質。這三十天的努力很值得吧！

第十五章

穿梭陰陽界

Writing

我會和往生者聯繫。

開始寫這本書的時候，一直在猶豫要不要把這章放進來，擔心內容會太神祕。或有人認為是怪力亂神。讀者也許受夠了，覺得我就是個瘋子？但在這個人類大進化時代，每個人必須忠於自己，在世人面前做真正的自己，所以我必須要寫進這一章。正如我在前言中所提到的，我是天使的信仰者，而我確實會和逝者溝通。

請注意，我不會平白無故地去找往生者溝通，而是會找家中逝去的親人、三位特別導師和一隻非常親愛的寵物。

這隻寵物的名字叫莫勒，大約一年前去世，那時我正在寫這個章節。莫勒是一隻田鼠，我知道這聽起來蠻瘋的。我和潔西卡有一天在路上把牠救回來。那時牠才四天大，眼睛睜不開，中了暑，搖搖晃晃地走著。我當時將牠捧在手上，沿著一條陡峭的山路下山。路上都是倒下的樹木及冬季雪崩造成的碎石堆，我走了九公里，才帶牠回到了車上。神奇的是，我們車上有一個針筒，是之前救另一隻動物留下的，所以潔西卡可以把水注到莫勒嘴裡。我們照顧牠，讓牠恢復了健康，看著牠成長為一隻強大的田鼠。但不久之後，牠便去世了，令我們有點錯愕。

然而，牠去世後，我透過自動書寫聯繫到了牠。牠大聲而清晰地跟我交談，第一句話就說牠在天堂，現在可以盡情地奔跑、玩耍、跳躍了。牠還說了一句很深奧的話，讓我知道這不是我的幻想。牠說，要跳上天堂，你不用想辦法將自己推出去，只要「放開地面」，就可以飛起來。這番話完全不是我想得到的。

現在我每天都寫訊息給莫勒。牠是一座明亮閃耀的燈塔，為我補充活力，不管我一天過得怎樣，或是要迎接讓人恐懼卻步的一天。牠總是用特別的話讓我振作起來，告訴我一切都會沒事。

除了莫勒，我還會寫信給三位在另一個世界的親人。首先是傑克，他在我的婚禮上當伴郎，當時他八十九歲。他生前是最支持我的人，當我偏離正軌時，也是最會批判我的人。他覺得，我應該要像勵志作家偉恩．戴爾（Wayne Dyer）那樣寫書、演講、教學，這樣才能影響很多人，所以不可以妄自菲薄。

我和潔西卡撰寫《赤腳跑步》、《赤腳走路》之後，傑克覺得我們玩太大了，甚至叫我們賣掉所有東西，搬到科羅拉多州的聖本篤修道院。在傑克生前最後一次到科羅拉多的波德市時，我們有去拜訪他，也有去參觀那家修道院。我們沒有加入（那是家僧侶修道院），但是他們的巧克力豆餅乾有夠讚，而且我們後來也確實搬到了那附近。

我現在也天天寫訊息給傑克，他在工作上給我指引，告訴我該前往何方，最重要的是，他會告訴我「多多照顧寶貝娃娃潔西卡」。如果我沒有好好對待潔西卡，他就會從宇宙的另一端對我揮重拳，好好訓斥我一番。

接著是普娃阿姨，她是夏威夷社群的精神長老及領袖，她也走得很早。在另一個世界的她，總是以充滿愛與溫柔的聲音鼓勵我，跟我分享溫馨小語，傳授我阿羅哈的精神。她的聲音是如此善良而有愛，在我最需要的時候，她總會適時出現。

接著是我們的好朋友及合作夥伴卡拉。她和潔西卡一起參加神經科醫師迪斯本札（Joe Dispenza）的活動，但數週後便去世了。即便她到了另一個世界，我仍然可以聽到她的笑聲及宇宙級的幽默發言。事實上，我相信她現在領略生死的意義了，也就是她說的「宇宙大玩笑」。她希望我放輕鬆一點，不要嚴肅地看待每件事。

其他想跟我溝通的往生者，還有歷屆總統、部落長老，還有一位鄰居老奶奶米德芮，從小到大我跟她衝突不斷。她現在想把事情談開，化解彼此的誤會。我想時機還沒成熟，之後我會好好傾聽她的話語，她應該有很多事情要分享。

和往生者建立連結

與過世親人建立連結比你所想的要容易得多。事實上，最關鍵的門檻只有一個：你要先相信有這種事。他們常常在跟你對話，音調響亮而清晰。無論是寵物、師長還是家人，都有許多話想說，但你要先放下成見，才能聽到他們的聲音，接著開始對話。

透過自動書寫就可以達成了。我會在祈請文中召喚他們前來。除了天使、指導靈和你的靈性智囊團，另一個世界的親友也會加入。我都這麼寫：「早安，大天使麥可、大天使拉斐爾、大天使加百列。早安，莫勒。早安，傑克！阿羅哈，普娃阿姨。早安，卡拉（我能聽到她的笑聲）。」接著挑選一個對象，寫訊息給他，問他們過得如何、最近在做什麼或想分享什麼。

對許多學員來說，這些對話意義非常深遠。他們藉此修補與親人的關係，比後者在世時更加親近。

你怎麼知道那些親友的話不是自己編出來的？好好感受一下。那些話給你什麼感覺？你覺得是真的嗎？當然，你可以在筆記本上直接發問，看看那些話是否是自己的幻想，或真的有親友在與你交談。記住，另一個世界的親友絕不會無端評判、責備或羞辱你。這種事絕不會發生。他們會對你說嚴厲的話（傑克就是如此），但出發點永遠是出於愛。而我會答應傑克，我會把潔西卡照顧好，而且我正在寫作，會讓他感到驕傲。

我的學生珍妮告訴我：「在自動書寫中，我感受到滿滿的愛意。我和祖先、地球、上帝和宇宙產生連結了。我也和自己潛意識建立關係。」她接著說：「一開始，我先表達對上帝和宇宙的感激之情，謝謝祂們打開我的心扉。有時我會繼續寫下那天令我感動的事情。我覺得自己真的很幸運。好像轉開一個神聖的水龍頭一樣，在艱困的時期也能得到能量。」

「到了第二段，我會祈請各方聖靈前來，包括大地、大天使、聖方濟、天使和指導靈，還有我的祖先。我感覺到自己與那些強大的力量產生連結。我還是個小女孩的時候，父親會帶著我禱告：『上帝保佑傑夫、瑞奇、媽媽和爸爸。』然後我們會為所有的親戚和朋友祈求平安。這些人已經逝去了。當我每天早上想起他們、寫下他們的名字時，真的能夠感受到他們的存在、指引及保護。這真是開啟一天最美好的方式了。」

連上對方的心靈後，就能聽到他的心聲

事實上，不透過自動書寫也能接受到靈性訊息，接著我會簡單說明這方法。

在節目上訪問來賓時，我總是憑著直覺跟他們對話。節目結束後，每個來賓都會稱讚我，說這個專訪太有趣了，就連上過歐普拉節目的大人物也這麼說。

我怎麼辦到的？因為我在訪談時，並沒有運用小我或大腦思維。相反地，我默默地進入自動書寫的狀態中，就像做心算那樣。我悄悄地潛入靈性世界，所以感受到受訪者的想法、看法以及近期的狀態，並提出最關鍵的問題。

在訪談中，一方面我敞開心扉傾聽受訪者的聲音，同時也全力聆聽從靈性世界傳來的聲音。這個方法很神奇吧！就像左右耳各聽一個電台節目：一個是來賓的頻道，我想聽到他們說話的聲音，也會找出他們談話的重點。第二，我在接收靈性的訊息。我練習自動書寫這麼多年，就算沒有紙筆，文字也能心裡流洩出來。

我的教練課程也是如此，為什麼它那麼受歡迎，事實是，那不是我的功勞。我接上學員的心靈後，就請指導靈給予建議，而祂會給我答案，指引學員人生的方向。

在早期的節目影片中，你可以清楚看到，我有時會停頓片刻，等待話語自然流

露出來。上課時，我的頭會垂下，請學員耐心等待，然後寶貴的建議就來了。用網速來比喻的話，當時我是透過撥接連到靈性世界。現在網路升級了，歸功於我長年的練習，現在我是透過光纖上網傳輸靈性訊息。只要我敞開心扉傾聽、停止用大腦思考，訊息就會瞬間就出現。那意味著我人不在場，只是在收聽來賓的談話，並替靈界轉達神聖訊息。

我在做訪談或指導學員時，必須紋風不動地集中注意力，並停止傾聽小我的聲音。這就是我成功的關鍵。我不會用大腦分析或猜想來賓說話的含意，那只會讓我更加慌亂，更容易分心。這就是自動書寫帶來的好處。

不斷練習自動書寫，就能清楚地聽到靈性訊息，也能判斷它們不是小我的意見。練習到某種程度後，你隨時都能聽得到那些智慧之語，而不僅僅只在早晨的自動書寫儀式中。放慢腳步，留意出現在腦中的話語。透過心靈之眼與直覺，你就能看到、接收到靈性的訊息。指導靈通常不會大聲說話。但隨著時間的推移，你的心靈之耳會更靈敏，更容易辨認出靈性的話語。你還會發現，自己一整天在跟靈性世界連線。

真的，有多位學員在修習完我的自動書寫課程後，成為專業的靈媒和通靈人。

為什麼？他們能夠全身心地進入到自動書寫狀態中，跟靈性世界的連結越來越緊密。

就像傑克的豌豆一樣，為它澆水，用愛照顧它，並全心全地幫助它成長，最終它會變成一株強壯的植物，而你與天堂的連結就會更加穩固。

若你想成為靈媒和通靈人，當然沒問題。多花時間練習自動書寫，你內心的聲音就越清晰。無論你在與人談話、一人獨自散步或是準備度過艱難的時刻，都能聽到那些智慧之語。

第十六章

創造共好的世界

Writing

謝謝你，明亮閃耀的燈塔。謝謝你與我一起踏上這趟自動書寫的旅程。我已經帶著你一步步了解自動書寫的各個面向。現在你也了解，在生活中，你可以透過自動書寫獲得洞察力。我也有詳細說明如何在自動書寫中加入各種生活練習。

好酒沉甕底，現在我要跟各位介紹最棒的工具。

你可以透過自動書寫中求取本日的「智慧之語」。每當我提出請求時，就會得到令我驚訝、讚嘆的指引或真言，讓我一整天隨時都能感受、默念它們。

基本上，你再怎麼有意識地思考，也想不出智慧之語，因為那是令人意想不到的訊息。所以一定要向宇宙或指導靈求取。不過，一開始你得到的訊息會很簡略，文字也會斷斷續續，因為你還在學習駕駛這架飛機。

經過一段時間，那個聲音會越來越大聲，並透過你的筆出現在紙頁上，一字一句都不漏。最酷的是，你花越多時間練習自動書寫，你跟宇宙的關係便會越緊密。我現在每天會進行三十分鐘到一個小時的自動書寫，還會接收到非常深奧的訊息。自動書寫的成效也會擴及到生活各領域。

舉例來說，跟同事開會時，會發現自己的想法越來越清楚。有兩個方案出現時，你可以在腦海中默默地執行自動書寫，然後就會獲得解答。我在節目中有談到，透過自動書寫，也能得到正確提問的時機與方式。我在指導學生時使用這個技巧，但不是用來接收訊息，而是要培養直覺力。我花了很多時間練習自動書寫，才有這樣的成果。

也有些人會透過自動書寫通靈，讓自己能聽到往生者的聲音，或求取天界的神聖指引。

經常練習自動書寫，生活就會變得更深刻、更有意義。你的直覺力也會大大提高，常常在瞬間就有驚人之舉。

每天都練習自動書寫，保持耐心，不要中斷。讓自動書寫成為日常作息的一部分。無論遇到什麼情況，都要靜下心來祈禱一番。自動書寫是靈性的氧氣，是最重要的心靈工具。

在山洞裡冥想，聽起來很浪漫，但你不會因此學會如何砍柴挑水。換句話說，你還是得把注意力放在日常生活的各種事務。幸好，指導靈會告訴你如何打開瓦斯爐燒開水，幫你決定事情的優先順序。你來這個世界的任務是什麼，要往哪裡去、如何治癒心靈創傷、如何照顧好家人、如何找到伴侶、如何經營伴侶關係、如何找到完美的工作……這些都可以透過自動書寫得到答案。

你已經為自己找到世界上最棒的禮物：超強直覺力以及靈性GPS。哇呼！

人類該何去何從？

我的摯友、兩屆諾貝爾和平獎候選人拉胥羅博士常常說，人類正站在一個巨大的分歧點（或分岔路口），任何決策都會影響後世人的命運。我們有兩條路可以選，直接將自己推下懸崖，或是把人類意識提升到新的水平。他的觀察力真是深刻，特別是世界正陷入可怕的新冠肺炎疫情當中。

我相信，在這個時代的能量漩渦中，有一些正面能量可以幫助我們進化。通靈作家賽利格也談到這個時代的各種隱憂以及人類所面臨的抉擇。按照他的說法，我們該選擇進入上層房間、進入振動頻率更高的地方了。

自動書寫是人類進化過程中的關鍵環節。為什麼？要完全轉變人類的意識，我們得相信高等生命的存在，並藉由祂們的大能來推動一切。你進入自動書寫狀態的次數越多，對全人類的幫助就越大。為什麼？因為世界就是個能量場，當你沉浸在自動書寫狀態中時，你的能量頻率會上升，身邊每個人的振動也會更活躍。正如你在管弦樂團中以高八度的音調演奏樂曲。

多多練習自動書寫，你的自我感覺會變好，於是更能卸下防備、敞開心扉，用善意和同情心去做每一件事。是的，你會成為心胸開闊的心靈勇士，以深遠而豐富多彩的視野去看世界，和大自然的連結也會更緊密。

從此以後，我們就更懂得互相扶持。

這是一個從相殺走向相助的時代。大地之母已經按下了紅色的緊急按鈕，以全面終止「殘酷世界」這個遊戲。人類為了求生存，把重心都放在你死我活的競爭上，從不思考永續發展的可能，但這一切都結束了。大地之母要我們重新與祂建立連結，好記住自己是大自然的一份子。我們還得傾聽內在智慧的指引，學會以不同的方式生活。基本上，大地之母要我們學會互助合作、緊密連結，並生活在靈性的光照中。

所以，這是我給你的最終挑戰。除了用自動書寫改善自己的生活，還要用它來幫助別人。就像甘迺迪總統說的，想想自己能為大眾做什麼。時候到了，該放下小我、改由大我出發。以前，我們總是問指導靈：「我需要知道什麼？我能做些什麼？」放下小我後，問題轉變為：「如何才能幫助他人？我能如何發揮自己的潛力，為全人類貢獻一己之力？」今日我們該體認到，全人類的命運是緊緊相連的，我們是一個巨大的生命體，而每個人都是一個小細胞；而地球又是全宇宙的一個小細胞。每個人的一言一行，都會影響全人類和地球的命運。

這是成長的時刻。提升意識，放下小我的匱乏心態，一同去探索宇宙中豐饒又神奇的能量。我們不再感到恐懼和孤獨，只要團結在一起，一體同心，就能共同創造新世界。在這段艱困的時期，我們都要努力走到上層房間。

大家要明白，在這段時間，我們要學著跟宇宙建立連結、療癒心靈創傷、跟他人一起攜手前進。簡單來說，我們要懂得回饋、服務他人，並試著消弭彼此的距離。這麼一來，後世千千萬萬人都會感激我們的努力。北美原住民易洛魁人有一部《和平大法》，當中提到，我們得為全人類創造可永續發展的環境。

我們應該把人類的靈性素質和意識提升到更高的層次。這是我的希望、我的夢想，也應該是全人類的願景。我們要努力保持清醒，因為只要開始行動，一切都會改變。

最後我提出這項挑戰：用你全身心的能量進入自動書寫狀態。你與指導靈建立長期關係後，就會不自覺地想幫助身邊的每個人培養善良、智慧和同情心。改變你的生活，身邊的人也會過得更好。相信我，你有能力拯救環境。為了你和全人類的圓滿人生及光明未來，請繼續書寫下去吧！

獻上我全部的愛。

相關資料

網路資源

- 在線上加入麥可的行列：www.AutomaticWriting.com.。你將會發現豐富的資訊和課程。
- 瀏覽 www.AutomaticWriting.com/bonuses，可以找到自動書寫相關的資源，像是可供下載的 θ 波音樂、數十冥想法和三十天天挑戰工作表。
- 透過 www.InspireNationUniversity.com 參加麥可的訓練營、大師班等。
- 參閱 www.MagicalRoutine.com，開啟完美一天的早晨例行程序。
- 參閱 www.Magical EveningRoutine.com，想要獲得最佳的睡眠品質，從前一天晚上開始就要做好準備。
- 參閱 www .MindfulRunning.org，麥可的正念跑步計畫。

- 播客節目：在www.InspireNationShow.com上聆聽麥可最受好評的靈性播客節目《靈感國度》。
- 在www.YouTube.com/InspireNationShow上觀看麥可的訪談節目。
- 濾藍光軟體f.lux（www.justgetflux.com），可免費下載。調暗電腦螢幕，避免受到藍光過度刺激。
- 紐伯格博士對自動書寫的研究：www.ncbi.nlm.nih.gov/pmc/articles/PMC3500298/。

書籍

- 朗達·拜恩（Rhonda Byrne），《祕密》。
- 道森·丘吉（Dawson Church），《超悅大腦：科學證實幸福感可以自己創造，加速實現理想人生》。
- 韋恩·戴爾（Wayne Dyer），《靈感：你的終極召喚》（*Inspiration: Your Ultimate Calling*，暫譯）。
- 琳達·傑德斯（Linda Geddes），《追逐太陽》（*Chasing the Sun*，暫譯）。

- 凱爾・葛雷（Kyle Gray），《脈輪調頻：111 個深化靈性共振的日常練習》。
- 瑞克・韓森（Rick Hanson），《大腦快樂工程：發現內在的寶石，像佛陀一樣知足》。
- 米奇・霍洛維茲（Mitch Horowitz），《奇蹟習慣》（*The Miracle Habits*，暫譯）。
- 丹尼爾・康納曼（Daniel Kahneman），《快思慢想》。
- 霍爾・馬丁（Howard Martin），《心能量開發法》（*The HeartMath Solution*，暫譯）。
- 布萊利・尼爾森（Bradley Nelson），《情緒密碼：釋放受困情緒的奇效療法》。
- 安德魯・紐伯格（Andrew Newberg），《開悟如何改變大腦》（*How Enlightenment Changes Your Brain*，暫譯）。
- 迪恩・拉丁（Dean Radin），《真正的魔術》（*Real Magic*，暫譯）。
- 保羅・賽利格（Paul Selig），《我是道》（*I Am the Word*，暫譯）、《煉金術：通靈訊息》（*Alchemy: A Channeled Tex*，暫譯）。
- 羅賓・夏瑪（Robin Sharma），《和尚賣了法拉利》。

謝詞

首先要感謝我的伴侶潔西卡．李。妳是我的大地，妳是我的太陽，妳是我的磐石，妳是我的一切，正如我們親愛的朋友亨德里克．馬科所說：「小子，沒有她，你會一事無成。」

再來要感謝傑克．伯登，不管是在這個世界或另一個世界，他都是我最棒的人生導師，也是我那八十九歲少年人伴郎。你是對的，你是對的，你是對的。你發現我的天賦，看到我能走得多遠。我對你的感謝說不完。是的，正如你交代的，我會繼續照顧好寶貝娃娃潔西卡！

這本書獻給潔西卡和傑克——如果沒有你們，我不知會在哪裡？

接著，非常感謝所有進入我生活的老師、智慧守護者、智慧尋求者、學員和我們節目中的嘉賓。特別感謝許多學生參加我們的課程，並自願分享他們的故事。

感謝所有參與這趟旅程的人，包括我的支持者、老師、指導靈，還有另一個世界的眾多生命。你們是我的老師、我的靈魂工作者，是我的一切。感謝你們。

感謝我的家人，感謝潔西卡的家人，最重要的是，感謝所有進入我們生活的小動物。田鼠莫勒的靈魂在這趟旅程中一直在我身邊，謝謝你。

感謝我們的三隻小貓：貓先生，最好的管家，陪我們搬過好幾次家；感謝阿光，給我們不可思議的愛；感謝小甜心，牠曾經從三公尺高的樓梯上掉下來，現在還活得很快樂，真是神奇。感謝南瓜，混合了郊狼血統的米克斯，牠在我們第一次新書巡迴發表會時一路陪著我們。感謝治療犬沙瓦，牠現在仍精力充沛地陪伴在我身邊。

然後感謝我們家的最新一代成員，公雞嚕嚕，謝謝你將我推出舒適圈、我的箱子以及我的工作室，並幫助我從全新的角度看這個世界。你是我們生活中的號角。

感謝砰砰，我們的麒麟尾日本短尾貓，感謝牠在茂宜島時一直陪伴在我身邊，你對我們的愛是那麼單純，希望很快能再見到你。感謝柯瓦．庫恩和我們一起穿越藍色大海，我們在一起的時間太短了。喔，你真的很懂玩！

感謝普娃阿姨，在我們的茂宜島之旅中指引我們，教導我們所有關於阿羅哈精神的知識。感謝妳一直以來的厚愛、帶領和支持。我們愛你！

感謝沈老師，茂宜島上最偉大的靈性老師。我們從你身上學到太極能量和量子之愛，也知道如何為自己和身邊的人開創美好的未來。

感謝塞西・貝納維塔斯，你是真正的薩滿巫師、心胸開闊的戰士。你教了我們太多東西，全都無法用語言表達。你就像英文老歌 Mama Dear, Papa Dear 那樣溫暖。你教我們要善良、溫柔、寬容，並且好好過生活。謝謝您的愛和指引。最重要的是，從你身上我們學到，想要變得強大，不需要先摧毀自己的身心。

感謝舒恩菲爾德夫婦，你們真是一對神仙眷侶。你們幫助我們自由飛翔，讓從紐澤西、北卡羅來納再到外灘群島。你們的家園真美麗，是到西部的神息休息站。我們兩人長出了翅膀，都是你們的功勞。

感謝卡拉・索伯格，妳和我們一起共度的時間太短暫了，但意義非常重大。妳生前就是個天使，現在和未來也會繼續陪著我們。我們好愛妳的笑聲，每次我用自動書寫傳訊息給妳時，都想要再聽妳說笑。

感謝札克・勃根，我同母異父的靈性兄弟。謝謝你給我的愛和支持。你創作的音樂真棒。我和潔西卡會結成伴侶，都是你的功勞。

感謝阿雅・莫里歐，妳是我們在菲律賓的靈性姐妹。感謝妳幫助我們找到做節目的方法！

感謝大衛．梅里狄斯，我們的靈性兄弟，在我們需要時總會出現。你真誠地與我們分享你的心靈和阿羅哈精神，還幫我們處理搬家事宜。我們愛你，大衛！

感謝尚恩．西蒙斯，我的靈魂兄弟，感謝你教我們「荷歐波諾波諾」，指引我們踏上數趟奇妙的旅程，感謝你美妙的音樂創作，每次我聽了都會流淚。因為有你，我們才知道，愛是每個人的使命。

感謝克勞迪奧，茂宜島的偉大冥想老師。你是一艘神奇有力的心靈拖船，是我們靈性修行的典範。

感謝丹妮絲．費雪，妳是我們的天使。我至今仍難以明白，以前妳從未見過我們，但在我出事後，妳來到太浩湖，花了好幾天在那治療我們的心靈。然後還讓我們住在妳客廳的沙發上，讓你的生活和作息受到打擾。在妳的治癒下，我才能坐飛機回茂宜島。非常感謝妳的善意和同情心，妳為我們所做的一切，我不會忘記。

靈性兄弟傑森．霍布森，感謝你的支持和愛。在我們最辛苦的時候，你幫助我們站起來。你不只是朋友和兄弟，你是超人。

感謝蔡珊老師，妳用神奇的坎農前世回溯法，並透過阿卡西導師引領我們進入自動書寫的大門。讓我真實的自己以及歸屬。

感謝葉理查老師，感謝你和我們分享你的光。

感謝亞當．布理克斯，在我們的早期旅程中，你一直鼓勵、帶領我們，還幫我們錄影。在新書巡迴講座的那一個月，你和兩隻狗擠在我們那台小小的鈴木SX4跨界休旅車後座。不知道你怎麼撐過去的。謝謝你陪我們度過所有的「九彎十八拐」，下次一起去哈雷阿卡拉火山吧！

感謝另一位靈性兄弟，他是赤腳跑步者和治療師雷．麥克拉納漢醫師。感謝你在世界上所做的一切。感謝你鼓勵我們、引導我們。感謝你用巨大的愛和光治癒跑者的腳。

感謝羅利．休斯比，你就像天使一樣，時常給我們協助和鼓勵。

感謝理查．桃賓格。謝謝你陪我們設計正念跑步計畫。在你和正念跑步高峰會（Mindful Running Summit）的啟發下，我們才踏上了《靈感國度》之旅，推出了受歡迎的靈性談話節目。

感謝布蘭達．麥可斯，謝謝妳陪我們一起發想《靈感國度》的節目概念。

感謝CJ．劉，我的娘子軍戰友。《靈感國度》還沒開播前，妳就跟我們一起進行腦力激盪，並指引我們方向。妳是一座神奇的燈塔。在此獻上我所有的愛。

感謝米莎．克羅斯比，謝謝你幫我們剪輯在YouTube上的影片。妳不只是一位剪輯師，更是我們真正的朋友。

感謝塞爾久．阿基西奴，你是個好朋友、好兄弟、好編輯。在我們寫作有困難時，你總會帶著喜悅、愛、熱情和感染力來幫我們。我們等不及再次與你合作了！

感謝李彥南，我們愛你。對於你的協助，我們感激不盡。我們的節目品質能提升，都要要歸功於你。

感謝卡羅爾．坎波斯，你是特立獨行又有夢想的人。感謝你照著自己靈感的指引找到我們，一起走下去吧！

感謝瑪莉蘿絲．芬雷，感謝妳的指引、耐心、溫柔以及有力的敦促。妳幫助我們許多，非常感謝。

感謝史考特．斯拉克，你暫停手上的工作來製作我們的網飛節目試播集，讓數百萬人能認識我們，這真是太神奇了。好萊塢我們來了！從我們的網路影片中，你挑出了許多片段，並製作成美妙的影片。真不知道你到底是怎麼做到的！

感謝平面設計師拉拉，謝謝妳吸睛的畫面構成。感謝丹尼斯．迪歐那，謝謝你幫我們做出《靈感國度》的鳳凰崛起標誌，我們的品牌因此變得更有質感。

感謝巴維克．帕特爾，謝謝你優化搜尋引擎關鍵字、播客節目和 YouTube，謝謝你讓我在晚上可以喘口氣休息一下。

感謝《顛倒飲食世界》（*Turning the Diet World Upside Down*，暫譯）的作者伯格倫德博士（Dr. W. David Berglund）以及宋華，謝謝你們傳授「本體感覺運動機能學」（proprioceptive kinesiology）的知識，並幫助我們掃描和清潔自己的身心與大腦。

感謝我們在科羅拉多咆哮叉谷的天使安．基默，妳拯救了我們的植物！

感謝迪恩．艾維遜和瑪莉詠．柏納，你們就像家人一樣，幫助我們安頓房子，並一起完成這本書。下次一起去看星星吧！

感謝我的親妹妹艾莉莎．琳恩（Elisa Lynee，作品詳見 www.ElisaLynee.com）。妳絕對想不到，妳一直是我的創作靈感。妳很早就投入戲劇表演，我非常很羨慕。妳的表現鼓勵了我。後來我也去學表演，並能夠站上舞台對著麥克風說話。我會開始創作，都要歸功於妳的努力。我欠妳一個巨大的感謝。妳勇敢地去了百老匯、紐約和洛杉磯，以妳的方式在音樂界取得成功。妳是這條創作道路上的探險者，與世界分享妳的愛、光芒、音樂和治癒的聲音。

感謝我的父母。我非常愛你們。媽媽，我必須實話實說，我知道妳仍然對我的童年感到內疚。妳現在撫養我的方式有問題，所以一直懷有罪惡感。我想讓妳知道，凡事都是最好的安排，一切都是完美的，妳已經盡力了。妳一直都是了不起的媽媽。我今日會這麼優秀，都要歸功於妳和父親的教養。妳做得很做得很棒。我愛你們。

感謝爸爸，你像搖滾巨星一樣帥氣，又像天使、導師和嚮導一樣有智慧。你是心胸開放的戰士。你教我很多道理，當你在害怕、擔心和憂慮時，會把這些情緒帶到上層房間，並為這個世界帶正向的能量和歡笑。現在，你們都找到了美好又光明的生活之道，真是太棒了！

感謝我們兒時的狗狗莎夏和小玩意兒。雖然你們已經到了另一個世界，但你們愛還一直還在我們身邊。當然，我也不能忘記我小時候的倉鼠米加魯。關於憐憫之心，你教了我很多，謝謝你。

感謝我的守護天使馬克西米利安，感謝你保護我們的人身安全和美麗家園。從小時候你就一直在我身邊，搞不好上一世你就來陪我了。感激你一直在我們的身邊，這種心情用言語難以表達。

感謝G&D出版公司的不離不棄和信任。今年過得像一段瘋狂的旅程，有你們的幫助，我們才孕育出這本美好的書。非常感謝你們，世人也會感謝你們！

感謝偉恩．戴爾，你絕對想不到，你的著作對我的意義有多重大。看完《靈感：你的終極召喚》之後，我也走上了靈性這條路。我會踏上歷時四十天、橫跨八千公里的一人單車之旅，都是拜你早年的著作所賜。我永遠都記得你的話：「假設你知道自己一定會成功，那你要做些什麼？」

最後，感謝大天使們：大天使麥可、大天使拉斐爾和大天使加百列。感謝祢們每一天於我的自動書寫、教練課程以及訪談節目中陪在我身旁。感謝祢們時時刻刻在我腦海中陪我做出每個動作。謝謝祢們救了我的命。祢們是指路明燈，帶領我去幫助更多人。

感謝所有的天使、指導靈及光之工作者，感謝我的靈性智囊團、大地之母和大自然。感謝構成我身體組織的所有細胞。感謝我穿在身上的這套皮囊。最重要的是，感謝上帝、宇宙和巨大甜甜圈。最終，我要將這本書獻給「愛」。愛是一切，它指引著我、保護我的安全、讓我活在世上。愛是我的一切，比肉體還重要。

是愛淬煉了我，讓我變得更柔軟，成為一個豁達的心靈勇士。在愛的推動下，我不斷學習，努力進步、成長，並學會保持謙卑，與大地相連。謝謝祢的智慧和指導。謝謝祢幫助我，並帶我幫助別人。感謝祢做的一切。祢帶來光明，也幫助我們成為光明使者。讓我們沐浴在愛中，以發現自己的不凡之處。「謝謝」這兩個字不足以表達我的感激之情。所以我只能說，愛是唯一。

我沒有忘記，親愛的讀者，在此要特別感謝你。你勇敢地踏上這條路，與世界分享你的愛和光！嘿，你做到了！

哇呼！

作者簡介

麥可．山德勒與他的妻子暨導師潔西卡．李共同主持廣受歡迎的播客節目與YouTube頻道《靈感國度》，旨在傳達轉化、勵志與靈性的訊息。他著有多本暢銷書，也到處巡迴演講，傳授大家新觀點和身心訓練的法則。他創辦了靈感國度大學（Inspire Nation University），並在線上教授自動書寫。

在全球各地，已有成千上萬的人學到這套靈性方法。二十五年來，麥可用「心智戰士訓練計畫」改變大家的生活。「提升人類的意識，讓世界閃耀靈性的光芒」是他的使命。麥可喜歡各種亮黃色的東西，不時會活力四射地喊出：「哇呼！」

麥可早年是世界一流的運動員和教練，參加過國際級的競速滑冰與鐵人三項等比賽。他把這些訓練技巧應用在生活中各領域。他的學員包括各行各業的專業人士，在他的指導下，他們都變得更有遠見。他決定這輩子都要投身於靈性修行與教學工作。

他在歐洲參加過專業的自行車比賽，還曾獨自一人在美國進行八千公里的單車旅行。他非常明白，唯有全身心投入訓練，與志同道合的夥伴一起努力，才能實現崇高的目標和偉大的夢想。

麥可的暢銷著作《赤腳跑步》被翻譯成各種語言，也曾在全球各大媒體接受訪問，包括BBC、CBS、ABC、美國公共廣播電台、美軍廣播電台、瑪莎・史都華廣播電台、《男性健康雜誌》等。

在經歷了兩次生死交關的事故後，麥可開始籌劃《靈感國度》，並開始練習自動書寫，最終才有本書的誕生。在磨難中，麥可對生命有了更深的領悟。他發現，原來人類與世界、至高精神以及偉大的事物是相連的。在這種宏觀視野下，本書應運而生。

在《靈感國度》節目中，他訪談了一千兩百多位世界級的作家、專業人士、思想家和靈性導師。過程中，他汲取了大量的知識及人生經驗。他把這些智慧用在自己的生活、教學與伴侶關係中。

麥可和潔西卡的YouTube頻道迄今已製作兩千多集節目，訂閱人數超過二十五萬人，播客節目的下載量也超過五千萬次。

在運動員的生涯中，麥可只在意成績和表現。經過那兩場可怕的事故後，他的心被打開了。他發現了一種更友善、更溫和的生活方式，不僅對他人有益，還能影響這整個星球。

所以，他希望每個人都能成為心胸開闊的勇士。「提升人類的意識，讓大家改變生活、發現自己最不凡的一面」，這就是他的使命。

大難不死後，麥可身體兩側都裝了鈦股骨和髖關節，但他仍繼續跑步、滑冰，與潔西卡、三隻小貓以及神奇公雞嚕嚕一起在山上玩耍。有時，夫妻倆也會開車去探索世界。他們每天都在祈禱，隨時接收靈性的訊息。

「靈性是我的氧氣。」麥可總是這麼說。

人生顧問 454

開啟多重宇宙的自動書寫法：利用直覺筆記擺脫困境、顯化夢想，創造零極限的美好人生

The Automatic Writing Experience (AWE):
How to Turn Your Journaling into Channeling to Get Unstuck, Find Direction, and Live Your Greatest Life!

作　者—麥可・山德勒（Michael Sandler）
譯　者—劉議方
主　編—郭香君
責任編輯—許越智
責任企畫—張瑋之
美術設計—木木 Lin
內文排版—張瑜卿
編輯總監—蘇清霖
董 事 長—趙政岷
出 版 者—時報文化出版企業股份有限公司
一〇八〇一九臺北市和平西路三段二四〇號四樓
發行專線／（〇二）二三〇六—六八四二
讀者服務專線／〇八〇〇—二三一—七〇五・（〇二）二三〇四—七一〇三
讀者服務傳真／（〇二）二三〇四—六八五八
郵撥／一九三四—四七二四時報文化出版公司
信箱／一〇八九九臺北華江橋郵局第九九信箱
時報悅讀網—www.readingtimes.com.tw
綠活線臉書—https://www.facebook.com/readingtimesgreenlife/
法律顧問—理律法律事務所　陳長文律師、李念祖律師
印　刷—勁達印刷有限公司
初版一刷—二〇二二年七月一日
定　價—新台幣四〇〇元

時報文化出版公司成立於一九七五年，並於一九九九年股票上櫃公開發行，於二〇〇八年脫離中時集團非屬旺中，以「尊重智慧與創意的文化事業」為信念。

開啟多重宇宙的自動書寫法／麥可・山德勒（Michael Sandler）著；劉議方　譯.
--- 初版 --- 臺北市：時報文化出版企業股份有限公司，2022.07
面；14.8×21 公分. ---（人生顧問）
譯自：The automatic writing experience (AWE) : how to turn your journaling into channeling to get unstuck, find direction, and live your greatest life!
ISBN 978-626-335-582-8（平裝）
1.CST：潛意識　2.CST：無意識　3.CST：自我肯定
176.9　111008860

ISBN 978-626-335-582-8
Printed in Taiwan